개천에서
용 나지 **않는**
시대에 고함

개천에서
용나지 **않는**
시대에 고함

초판 1쇄 인쇄 | 2009년 10월 10일
초판 1쇄 발행 | 2009년 10월 15일

글쓴이 | 정대진
발행인 | 김영재

발행처 | 책마루
주소 | 서울 강남구 수서동 716 한신사이룩스 서관 1217호
대표전화 | 02-445-9513
팩스 | 02-445-4513
이메일 | bookmaru9513@gmail.com
디자인 | 캠프커뮤니케이션즈

ISBN 978-89-963219-1-0-03300

- 잘못된 책은 구입한 서점에서 바꿔 드립니다.
- 이 책에 실린 모든 내용, 디자인, 이미지, 편집 구성의 저작권은 책마루에 있습니다.
  허락 없이 복제하거나 다른 매체에 옮겨 실을 수 없습니다.

개천에서 용 나지 않는 시대에 고함

정대진 지음

같이 읽읍시다

개천에서 용 나지 않는 시대를 바꾸는 힘은 당신의 손끝에서 나옵니다. 한 명이라도 더 이 시대를 같이 고민해볼 수 있도록 한 줄이라도 손수 여러분의 추천사를 적어 누군가에게 선물해 보십시오.
당신은 행동하는 시민입니다.

이 책을 읽는 분들에게

동트는 새벽은 소주 한 잔과 함께 찾아왔습니다.

저는 대학교와 대학원을 다니던 시절 내내 학비와 용돈을 벌기 위해 대입논술 강사생활을 했습니다. 대입 수시나 정시 시즌이 되면 수험생들과 학원에서 밤샘을 해야 할 때가 많았습니다. 새벽 서너 시가 지나 학생들이 모두 돌아가면 선생님들은 그날의 상황을 점검하고 다음날 일정을 논의합니다. 회의가 끝나면 으레 학원 근처 24시 해장국집에 몰려갑니다. 출출함을 견디기 힘들기 때문이죠. 전날 저녁을 먹고 다음날 새벽 네다섯 시까지 깨어있으니 오죽하겠습니까. 아침만 먹고 점심을 굶은 채 계속 일한 상태와 마찬가지입니다.

그날 쌓인 스트레스 때문에 소주 한 잔이 빠질 수 없습니다. 해장국물이 각자의 위 안으로 빨려 들어가고, 차갑던 소주병이 땀을 흘리며 냉기를 잃어 가면 뿌옇게 동이 터옵니다. 그리고 저는 집에 가 옷을 갈아입고 지난 밤 아무 일 없었다는 듯이 다시 학교로 가는 지하철에 몸을 싣습니다. 운수 좋은 날에는 자리에 앉아 소주의 쓰고 아린 향에 취해 잠시라도 눈을 붙일 수 있었습니다.

고등학교를 졸업하고도 그렇게 저는 제 20대를 꼬박 대학 입시생들과 같이 보냈습니다. 서울에서 가장 못 사는 지역인 우리 동네 금천구에서도 강사생활을 했고, 대한민국 사교육 일번지 대치동과 목동도 기웃거렸습니다.

이 책에는 그 때부터 제가 가졌던 문제의식이 반영되어 있습니다. 서울에서 가장 못 사는 동네와 가장 잘 사는 동네의 교육환경은 아주 달랐습니다. 심지어 못 사는 동네의 전철역에는 냉난방도 잘 안 됐는데, 잘 사는 동네에서는 지하철역도 계절별로 적당하게 시원하고 따뜻했습니다. 전철로 3~40분 거리에 아주 다른 세상이 펼쳐져 있었습니다. 그리고 전철로 가는 거리는 변한 게 없는데 십여 년이 흐르면서 양 지역 간의 격차는 더욱 커져만 갔습니다. 못사는 동네에서 수업을 하는 날이면 정말 소주 한 잔 안할 수 없었습니다.

"개천에서 용 나지 않는 시대에 고함"

제목이 다소 거칠고 투박할지 모르겠습니다. 그러나 세상이 거칠고 투박하니 그에 대한 글도 거칠고 투박해집니다. 제게 아직은 이 거칠고 투박한 세상을 우아하게 그려낼 재주가 없습니다. 그래도 희망이 있다고 이야기하고 싶은데 자꾸만 망설여집니다.

여기에 있는 내용은 전문적이고 학술적인 것들이 아닙니다. 기가 막힌 정책적 해결방안을 내놓은 보고서도 아닙니다. 이 시대를 살아가는 젊은이 중의 하나로서 이 시대에 대해 느끼는 갈증을 풀어놓은 글일 뿐입니다.

목마른 자가 우물을 판다고 했습니다. 제가 목이 말

라 우물을 파겠다고 덤벼든 흔적이 바로 이 책입니다. 아직 제 삽이 연약하여 우물을 판 흔적만 땅바닥에 남겨놓습니다. 그래도 '삽질'을 계속 해볼까 합니다. 제 삽질이 그저 작은 움직임에 불과해도 누군가 해야 할 일이라면 그만둘 수는 없습니다. 우물은 점점 말라가고 덩달아 개천도 메말라가고 있기 때문입니다.

개천에서 나는 용들을 보기가 점점 힘들어지는 세상입니다. 부의 격차가 교육격차를 통해 대물림되는 게 어제 오늘의 일은 아닙니다만 오늘날 양극화가 심화되면서 그 틈새를 비집고 나올 이무기들의 용트림을 보기가 점점 어려워지고 있습니다. 지금의 교육 양극화가 계속되고 "개천에서 용 나지 않는 시대"가 굳어진다면 미래사회는 양극화로 인한 불안과 갈등이 팽배한 세상이 될 게 분명합니다. 우리는 알면서도 제대로 준비도 하지 못한 채 어두운 미래로 발걸음을 옮기고 있습니다. 그 미래를 바꾸는 일을 같이 생각해보았으면 합니다. 그리고 어딘가에 숨어있을 이무기들을 용트림 시키고 대한민국을 보다 살만한 사회로 만들어나갔으면 합니다. 아이를 낳으면 없는 집안에서는 신분상승을 위해 목숨을 걸고, 있는 집안에서는 부와 권세의 대물림을 위해 눈이 빨개져서 살아가지 않아도 되면 좋겠습니다.

　　　　마음은 아직 덜 자랐는데 저도 어느덧 서른이 넘었습니다. 별 탈이 없다면 남들처럼 가정도 이루고 아이도 낳을 것입니다. 그러나 그 아이를 키우는 일이 '전쟁'과도 같은 '공포'와 '부담'이 될 것 같아 두렵습니다.
　　　　저와 제 자식이 살아갈 내일의 세상이 지금보다 더 즐거워졌으면 하는 바람으로 글을 시작했습니다. 사람은 누구나 행복해질 권리가 있습니다. 이 책은 저와 책을 집어든 당신의 행복을 위한 제 생각을 담고 있습니다. 이 생각의 완성본은 없습니다. 그저 출간 당시까지의 마지막 수정본일 뿐입니다. 그리고 작고 미약한 외침일 뿐입니다.

하지만 부디 개천에서 용 나지 않는 시대에 대한 제 작은 고함 소리가 널리 메아리쳐 나갈 수 있기를 희망해봅니다. 그래서 어느 좋은 날, 동네 해장국집에 걸터앉아 즐거운 마음으로 소주 한잔 할 수 있기를 바래봅니다.

2009년 가을
정 대 진

같이 읽읍시다 • 5
이 책을 읽는 분들에게 • 6

중학교 3학년, 이재민의 경우 • 17
꿈은 꿈일 뿐이다 • 20
함께 꾸는 꿈도 현실이 되지 않는다 • 23
계속 꿈만 꾸어야 하는가 • 27
다른 꿈을 꿀 수는 없을까 • 31
다른 꿈도 못 꿀 수 있다 • 35
볕도 안 드는 뿌연 개천에서 살아가기 • 39
통계로 보는 볕 안 드는 개천 바닥 • 44
오늘날의 개천은 강과 바다로 닿지 않는다 • 49
강과 바다에 사는 아이들은 행복할까 • 55

개천에서도 용은 났으나

개천에서도 용은 났으나 • **65**

다이너마이트에 불장난하는 대한민국? • **71**

억울하면 출세해라, 왕조의 몰락과 식민지배 • **78**

억울하면 출세해라, 정부수립과 고착된 기회주의 • **81**

억울하면 출세해라, 뿌리 깊은 기득권과 막힌 공로公路 • **84**

개천에서 용 되려면 무조건 "중앙으로!" • **89**

대학입시는 계급투쟁 • **94**

가족 이기주의 • **98**

늘어나는 사회비용 • **103**

인삼이나 산삼보다 귀한 고3 • **106**

무한발전 사교육 • **110**

병목현상 • **113**

패자부활전도 없다 • **117**

왜 이렇게까지 • **120**

개천에서 난 용 한두 마리로는 안 된다 • **123**

물길을 트자

한 곳으로만 흐르는 물길, 막힐 수밖에 없다 • **131**

한 곳으로 갈 거면 물길이라도 다양하게 • **135**

개인의 의지보다는 시스템으로 • **139**

시스템의 가능성 하나, 국가 엘리트 육성 프로그램 • **143**
가능성이 여는 세상 ❶ – 개천에서 난 용, 하늘을 나는 자동차를 만들다

시스템의 가능성 둘, 교육발전종합계획 • **153**
가능성이 여는 세상 ❷ – 두렵지 않은 '제2의 인생', 인생을 두 배로 사는 세상

사라진 젊은이들, 그리고 촛불 • **164**

새로운 사회를 위한 가능성, 만16세 투표권 • **172**
가능성이 여는 세상 ❸ – '엘리트 농사꾼', 김의원

에필로그 • **186**

중학교 3학년, 이재민의 경우
꿈은 꿈일 뿐이다
함께 꾸는 꿈도 현실이 되지 않는다
계속 꿈만 꾸어야 하는가
다른 꿈을 꿀 수는 없을까
다른 꿈도 못 꿀 수 있다
별도 안 드는 뿌연 개천에서 살아가기
통계로 보는 별 안 드는 개천 바닥
오늘날의 개천은 강과 바다로 닿지 않는다
강과 바다에 사는 아이들은 행복할까

막힌 물길

중학교 3학년, 이재민의 경우

동쪽 하늘로 비행기가 날아가고 있었다.
재민이는 무심히 하늘을 올려다보았다. 동쪽으로 날아가는 비행기에 자기 자리도 하나 생겨 지금이라도 폴짝 올라탔으면 좋겠다는 생각을 했다. 그러나 산을 깎아 만든 학교는 언덕 빼기에 위치해 있어 하굣길은 하늘에서 멀어져 더욱 땅으로 꺼져갈 뿐이었다. 학교에서 집으로 오는 길이 오늘은 더욱 길게 느껴졌다. 어젯밤 재민이는 엄마에게 오랫동안 생각하던 꿈을 털어놓았다.

"엄마, 나 미국으로 유학 가고 싶어요"

재민이는 서울 변두리에 있는 한 중학교의 3학년.

학급회장을 하고 있고 성적도 전교 5등을 벗어나 본 적이 없는 우수한 학생이다. 재민이의 아버지는 경기도에 있는 중소 건설회사에 다니는 샐러리맨이고, 어머니는 재민이가 중학교에 입학하던 해부터 재민이와 여동생의 학원비라도 벌어야겠다며 화장품 방문판매를 하고 있다. 재민이의 아버지가 한 달에 약 300만원 정도 월급을 받고있고 어머니가 한 달에 130만원 정도의 수입을 올리고 있다. 그중 아파트 대출금과 이자를 갚기 위해 매달 은행에 170만원을 내고, 정말 알뜰살뜰 기름기를 쏙 뺀 4인 가족 생활비 130만원에, 중3인 재민이와 초등학교6학년인 여동생의 학원비와 교재비 등 100여만 원을 빼고 나면 재민이의 엄마와 아빠는 노후대책도 제대로 못 세우고 있는 형편이다. 요즘같은 세상에 겨우 적자나 면하고 있는 걸 감사하며 살아가고 있었다.

거기다 대고 재민이는 벌컥 조기유학을 가고 싶다는 자기의 꿈을 이야기했다. 저녁을 먹다가 이 이야기를 들은 재민이 엄마는 생각해보자고 했지만 답은 이미 정해져 있었다. 엄마는 조기유학을 가지 못하는 사정을 재민이에게 어떻게 상처주지 않고 설득할까 하는 고민에 빠져들었다.

회사 야근을 마치고 밤 10시가 넘어 집에 온 재민 아빠에게 엄마는 상황설명을 했다. 재민이 아빠는 신경이 곤두선 목소리로 자기는 죽어도 기러기 아빠는 못한다고 딱 잘라

말했다. 자기와 동갑인 회사 사장이 고등학교 1학년 아들을 미국으로 유학 보낸 기러기 아빠라고 했다. 옆에서 보니 그 생활은 죽어도 못하겠다는 것이었다. 이야기를 듣던 재민이 엄마는 어이없다는 표정으로 한마디 했다.

"여보, 우리 형편에 애를 유학 보낼 수 있다고 생각해?"

와이셔츠 단추를 풀던 재민 아빠의 손짓이 잠시 멈칫했다.

꿈은 꿈일 뿐 이 다

　　　　재민이가 미국으로의 조기유학을 꿈꾸기 시작한 것은 지난 학기, 학교 앞 교회 목사님의 아들인 자기 반 친구가 미국으로 유학을 떠나면서부터였다. 친구의 아버지인 동네 목사님은 미국에서 신학공부를 하고 오신 분이었다. 그 연고로 재민이의 친구는 미국으로 조기유학을 떠날 수 있었다.

　　　　재민이는 분명 자기가 그 친구보다 공부도 잘하고 모든 면에서 한 수 위라고 생각하고 있었다. 자기도 못할 게 없다고 생각했다. 그러나 자기만 잘한다고 될 문제가 아니었다. 재민이네는 미국에 마땅한 연고도 없었을 뿐더러 미국에서의 생활비와 학비 등을 감당할만한 재력이 되지 않았다.

　　　　재민이가 유학 간 친구에게 인터넷 메신저로 물어보니 학비가 싼 미국 공립학교에 다닐 수도 있었다. 하지만 그곳은 그다지 교육의 질도 높지 않고 그리 안전한 곳이 아니었다. 사립학교에 가서 제대로 교육을 받아야 한국에서도 이름을 들으면 알만한 대학교로 진학을 하기 쉽다고 했다. 그런데 재민이네 형편으로는 그 값을 감당할 수 없었다. 재민이네 부모님은 미국이라는 나라에 다녀온 적도 없었다. 미국 가는 비행기삯마저 재민이 엄마가 한 달 동안 화장품 방문판매를 해서 버는 돈보다도 비쌌다.

　　　재민이는 이리저리 벽만 느꼈다. 학교에서 집으로 가는 언덕길에 늦은 오후의 누런 햇살이 스며들었다. 재민이의 그림자가 우울하게 늘어졌다.

　　　재민이는 어젯밤 엄마와 아빠가 안방에서 다투던 이야기를 들었다. 자신의 유학 이야기 때문이었다. 아빠는 "유학 보낼 돈도 없지만 가족이 떨어져 살 수는 없다"고 난리였고, 엄마는 아빠에게 "그럼 당신이 재민이한테 사정설명을 하라"고 공을 떠넘겼다.

　　　모든 상황은 명확해졌다. 재민이가 꿈을 접으면 모든 게 평상시로 돌아가고 조용하게 한 가족은 다시 살 수 있다. 하지만 자기 집 사정이 자기가 꾸는 꿈을 전혀 지원해줄 수 없는 형편이라는 걸 알아버린 재민이는 다시 그 이전처럼 성실하게 공부하며 살아갈 수 없을 것 같았다. 기운이 쭉 빠졌다. 아무리 자기가 공부를 잘하고 능력이 있어도 꿈을 펼칠 기회를 제대로 잡을 수 없다면 다 소용없는 일 아닌가. 막막한 질문이 재민이의 가슴에 아로새겨졌다.

함께 꾸는 꿈도 현실이 되지 않는다

중학교 3학년생인 재민이는 이렇게 꿈을 접었다. 여기서 재민이는 실제 인물이 아니다. 하지만 우리 주위에는 재민이와 비슷한 아이들이 얼마든지 있다. 재민이와 같은 아이들은 부모의 경제적 능력과 사회적 지위의 부족함 때문에 '조기유학' 등과 같은 '출세'를 위한 경로에 발을 들여놓지 못하는 아이들이다. 자신의 의지와 능력과는 상관없이 자기의 꿈을 펴보지도 못하는 부류이므로 이름도 '이재민'으로 붙여보았다. 자연재난으로 인한 이재민이 아니라 사회재난으로 인한 이재민이라는 의미이다.

IMF 이후 사회적 가치기준이 급변하면서 개인의 성공과 안정을 위한 기대수준과 그 코스의 난이도는 더 높아졌다. 개방과 무한경쟁의 시대에 조기유학은 영어를 익히고 새

시대의 전문지식을 익히기 위한 첫 발판처럼 여겨졌다. 한국에서 학부를 졸업하고 석·박사 과정을 공부하기 위해 떠나던 유학의 일반적인 모습은 달라지기 시작했다. 물론 IMF 이전부터 조기유학 붐은 서서히 끓어오르고 있었다. 김영삼 대통령의 문민정부가 1993년 출범하고 1995년부터 '세계화'를 국정의 주요지표로 삼으면서 대학생들은 어학연수를 떠나고 여유가 되는 중고등학생들은 조기유학을 떠났다. 일찍 시작해야 출세할 수 있다는 풍토와 인식이 퍼져갔다.

나도 그 무렵 '이재민'과 비슷한 경험을 했다. 내가 중3이 되던 1993년의 어느 봄날 신문에 하버드대를 최우수로 졸업한 한 한국 젊은이의 기사가 실렸다. 그 청년은 영화배우 남궁원 씨의 아들로 알려지면서 유명세를 타기 시작했다. 자신의 유학 이야기를 담은 《7막7장》이라는 책도 출판했다. 졸업 후 잠시 한국에 와서 각종 토크쇼와 잡지 등에 나오며 세간의 관심도 끌었다. 그 주인공은 바로 18대 국회의원 홍정욱 씨다.

당시 내게 한국인이 하버드에서 최우수 졸업을 할 수 있다는 것 자체가 놀라웠다. 그리고 무엇보다도 홍정욱 씨가 중3에 조기유학을 떠나 그런 성취를 이루었다는 점에서 놀라움이 더욱 컸다. 때마침 재민이의 경우와 마찬가지로 내 주위에는 아버지의 연고를 바탕으로 영국유학을 떠난 친구가 있었다.

내 어린 생각에 그 친구는 이제 곧 옥스퍼드나 캠브리지에 진학해 '제2의 홍정욱'이 될 것처럼 보였다. 나는 한국에서 피터지게 공부해서 정말 최고로 잘 가면 서울대를 갈 터인데 노는 물이 다른 내 친구는 비슷한 노력을 들이고도 세계 명문대에 입학할 것 같다는 착각이 들었다. 그 때 나는 학생회장을 하고 있었고 전교 등수도 괜찮은 잘 나가는 학생이었다. 은근히 그 친구보다도 내가 낫다고 생각하고 있었다. 그런데 나는 한국에 있다는 이유만으로 나중에는 그 친구한테 꿀릴 것 같다는 괜한 위기감이 생겼다.

세월이 지난 후 다 부질없는 생각임을 차차 알게 되었지만 어쨌든 그 당시 조기유학 붐에 충격을 받았던 나의 기억은 아직도 생생하다.

그때 나는 조기유학의 꿈을 이루려고 실제로 이리저리 그 가능성을 알아보기도 했다. 하지만 유감스럽게도 나의 아버지는 내가 초등학교 5학년이던 해에 중풍으로 쓰러져 줄곧 집에서 투병생활을 하고 있었다. 어머니가 재래시장에서 금은방을 운영하며 생계를 꾸리는 형편이었다. 재민이의 경우와 마찬가지로 미국으로 가는 비행기 값 한 번 대기도 힘든 환경이었다.

그래도 나의 부모님과 주변 어른들은 관심을 가지고 유학길을 알아봐 주었다. 하지만 알아볼 수만 있을 뿐 실천에

옮길 수 있는 처지는 아니었다. 함께 꾸는 꿈도 현실이 되지 않았다. 철이 날 무렵 맛본 세상의 쓴맛이었다.

계 속 꿈만 꾸어야 하 는 가

오늘날에도 이와 같은 쓴맛을 보는 10대들이 도처에 있을 수 있다. 해외진출 비용이 저렴해지고 다양한 경로로 어린 학생들도 해외로 유학을 떠날 수 있는 시절이기는 하다. 하지만 일정 소득 이상을 갖춘 집안이 아니면 자녀 한 명당 수천 만원에 이르는 유학비용을 대기는 쉽지 않다. 2009년 3월 뉴스전문채널 mbn의 리포트에 따르면 조기유학 비용이 학생 일인당 연간 약 6천만 원에 이른다고 한다. 동남아에 보내도 2천 5백만 원은 족히 든다.

겉으로 드러나는 비용은 이렇지만 만약 가족이 떨어져서 살게 되어 발생하는 가족 간의 상실감 같은 돈으로 환산하기 힘든 정서적 비용까지 합한다면 그 비용은 웬만한 경제력으로 충당하기 힘든 것이 된다. 억대 수입을 올리는 가정이 아니고서는 웬만해서 엄두를 내기 힘든 일이 조기유학이다.

연합뉴스가 보도한 2009년 4월 발표 서울 강남교육청의 〈2008학년도 초등학생 유학 현황〉을 보자. 이에 따르면 2008년 한 해 동안 서울 강남구와 서초구 관내 51개 초등학교에서 2천165명이 조기유학을 떠난 것으로 나타났다. 이 지역 전체 초등학생 5만3천228명의 4% 수준이다. 학급당 학생 수를 25명으로 잡는다면 한 학급마다 한 명씩 조기유학을 떠난 셈이다.

그렇다면 서울 전체지역의 평균은 어떨까? 2008년 같은 해의 전수조사는 아니지만 참고할만한 2007년 자료를 보면 서울지역 초등학생 유학생은 7천183명으로 서울 전체 초등학생 66만5천227명의 1%를 조금 넘는 수준이다. 서울 전체 초등학생 평균 조기유학율 1%에 비해 강남 지역은 4%를 기록하고 했다. 굳이 비교하자면 약 4배에 이르는 수치이다.

그리고 강남 지역의 조기유학생을 유형별로 따지고 보면 기러기 가족처럼 법적으로 인정되지 않는 조기유학생이 1천250명으로 전체의 58%에 달한다. 외교관이나 상사 주재원 등 부모가 동행한 705명 32%, 해외이주자 210명 10%에 비해 압도적으로 높은 비율이다.

이른바 한국 부의 상징지역인 강남의 자녀들이 여타 서울지역의 평균보다 4배가량 많은 조기유학을 떠나고 있다.

그 내용도 자연스러운 가족이주가 아닌 오로지 교육목적만을 위해 어린이와 한 부모만 떠나는 경우가 반을 넘고 있다. 그리고 그 교육목적이라는 것도 주로 영어교육에 초점이 맞추어져 있는 것으로 보인다. 미국과 캐나다 등 영어권 국가에 2008년 강남권 초등학교 유학생 중 80%인 1천725명이 몰려들어 그 편중현상이 심했다.

영어권 국가 다음으로는 중국으로 83명이 유학을 떠난 것으로 나타났다. 이는 영어권 국가의 1천725명의 20분의 1정도에 지나지 않는 숫자이다. 영어가 세계화 시대의 필수적인 수단이고, 영어를 자유자재로 구사하며 세계를 무대로 뛸 수 있는 인재들을 어렸을 때부터 기른다는 차원에서 보자면 전혀 문제가 없는 현상이다. 하지만 문제는 획일적인 유학현상에 있다.

첫째, 조기유학이라는 선별된 기회를 주로 서울 강남 지역의 일부 계층을 중심으로 소수만이 누리고 있다. 이로 인해 어려서부터 유학을 자연스럽게 받아들이는 계층과 유학을 꿈조차도 꾸지 못하는 계층으로 사회가 양분되고 있다. "누구는 보스턴에서 고등학교를 나오고 누구는 뉴욕에서 대학을 마쳤다"는 아파트 이웃 형, 누나들의 이야기를 들으며 자라는 아이들이 있는가 하면, "옆집 형이 서울대에 갔는데 우리 동네에서 오년 만에 나온 수재"라는 이야기를 들으며 자라는 아이

도 있다는 것이다. 그리고 둘째, 유학의 질적인 내용도 영어 학습과 영미권 국가로만 편중되어있다. 조기유학을 떠난 강남 지역의 "아파트 이웃 형, 누나"들 중에 예술적 재능을 키우기 위해 파리나 모스크바, 만하임 등으로 유학을 떠난 "형, 누나"들은 한 줌도 되지 않을 것이다. 이렇게 전반적으로 획일적인 구조가 조기유학 시스템을 장악하고 있다는 게 문제다. 획일적인 구조가 지배하고 있기에 능력 있는 학생들이 다양하게 꿈을 펼치고 능력을 발산할 통로가 아주 좁다. 이런 상황에서라면 이재민과 같은 학생들은 설 땅이 없다.

상대적 박탈감. 이런 조건에서 이재민과 같은 학생들이 어린 시절 온 몸과 마음으로 배우게 될 개념이다. 계속 꿈만 꾸든지 아니면 아예 포기하고 꿈을 소중한 추억으로만 간직하며 살아야 하는 게 재민이와 같은 학생들이 할 수 있는 일이다.

다른 꿈을 꿀 수는 없을까

     그래서 재민이와 같은 학생들은 다른 방식으로 꿈을 꿀 수도 있다. 국내에서 민족사관고등학교나 외국어고와 같은 특목고에 진학해서 외국 대학 학부로 직접 유학을 떠날 준비를 해볼 수도 있다.

     1996년에 개교한 민족사립고는 1999년부터 국제반을 개설해 외국 대학 진학을 목표로 학생들을 지도했다. 그 결과 2007년에는 83명, 2008년도에는 79명의 학생들이 코넬, 프린스턴, MIT, 하버드, 예일, 스탠포드, 듀크 대학 등으로 진학했다. 전교생 수가 150여명임을 감안하면 절반 이상의 학생들이 외국 대학 특히 미국의 유명대학으로 직접 진학을 하는 것이다. 그렇기 때문에 공부는 잘하지만 조기유학을 가지 못할 형편의 학생이라면 민사고 등에 진학해 진로 개척을 고려해볼 만 하다.

그러나 중3이 되어서야 조기유학을 알게 되고 그 꿈을 꾸게 된 이재민과 같은 학생들이 특목고나 민사고 입시를 준비하기에는 시간이 부족하다. 고등학교를 가기 위해 재수를 해야 하는 판국이다.

혹시 중3 이전에 특목고나 민사고 준비를 시작한다고 해도 잘 짜여진 사교육 시스템의 지원 없이는 그 관문을 뚫기란 쉽지 않다. 매해 민사고의 전형요강이 발표되면 전국 내로라하는 학생들과 학부모의 눈과 귀가 집중되고 그 경쟁률 또한 만만치 않다.

지은이는 대학교와 대학원을 다니던 시절 학비와 용돈을 벌기 위해 논술강사 생활을 했는데 실제로 대치동이나 목동의 사교육 환경이 발달한 곳에서는 초등학교 고학년 때부터 특목고를 염두에 두고 아이들을 지도한다. 대치동 인근의 어느 학원 원장은 중학교에 올라가는 학생들이 민사고나 외고 등에 지원할 때 보다 유리한 조건을 가질 수 있도록 학생회장 선거에까지 입후보시켜 당선시키는 등 전방위 컨설팅과 지도를 했다. 이 때 논술선생이었던 나는 어린 학생의 선거유세 연설문을 작성해주었다. 그리고 학원 강의실에서 비디오 캠코더로 그 학생의 연설모습을 녹화해가며 발음과 연설자세 등을 교정해주기도 했다. 이외 특목고 관문을 뚫기 위해서는 각종 경시대회에서 입상도 해야 하고 입학사정관제를 도입하고자 하는 특목고의 최근 입시경향에 대비하여 아주 밀착된 입시 컨설턴트 서비스를 받아야만 한다.

민사고나 특목고에 가려면 수년에 걸쳐 이렇게 잘 짜여진 사교육 시스템의 지원을 받아야 한번 도전해볼 만한 것이 현실이다. 그리고 특목고에 가야 이른바 SKY^{서울대·연대·고대}로 불리는 한국의 명문대학에 진학할 확률이 높은 게 현실이다. 2009학년도 대학입시만 보더라도 서울대의 외고생 합격자 비율은 8.41%였다. 고려대와 연세대는 각각 18.61%, 19.24%로 신입생 5명 중 1명은 외고생 출신으로 뽑았다. 우리 주위의 고교 5개 중 한 개가 외고라면 이 비율을 문제 삼을 게 없다. 하지만 어디 그런가?

대학별 외고 출신 지원자 합격률			
	서울대	고려대	연세대
모집인원	3114	3772	3404
외고출신 합격자	262	702	655
합격률	(8.41%)	(18.61%)	(19.24%)

자료 : 교육과학기술부

특목고 열풍에 더해 최근에는 국제중학교 열풍도 불고 있다. 그렇지만 국제중학교 역시 재민이와 같은 학생들이 초등학교 때 미리 알고 준비를 하더라도 그 문턱을 넘기는 쉽지 않아 보인다.

2008년에 개교한 서울 영훈국제중학교는 2010학년도 입시에서 아예 '사회적 배려 대상자 전형'을 없앨 방침을 밝힌 적이 있다. 사회적 배려 대상자 전형의 경우 차상위 계층이나 한 부모 가정, 다문화 가정 출신 등을 우선 선발하는 방식이라 이재민과 같은 학생들도 직접 혜택을 받지는 못한다. 그렇지만 사회적 배려 대상자 전형 등을 두고 입시를 치르는 경우와 그렇지 않은 경우의 학생선발경향은 확연히 다를 것이다. 고소득층을 보다 배려하는 방식으로 입시경향이 나아간다면 이재민과 같이 절대 빈곤층은 아니지만 고속득층에도 속하지 않는 가정 출신의 학생들은 어정쩡하게 여기저기에도 끼지 못하는 형국이 될 가능성이 높다.

다른 꿈도 못 꿀 수 있다

시민단체 사교육걱정없는세상이 2009년 4월 교육열이 높은 서울 강남과 목동·중계동, 경기 과천·분당·평촌지역 초등학생 686명과 중학교 3학년생 694명을 조사한 자료에 따르면 이 지역 초등학생의 63.6%, 중학생의 53.2%가 특목고 진학을 희망했다. 그리고 이 희망자 중 91.9%는 사교육을 받고 있으며 사교육비로 월평균 71만원을 지출하는 것

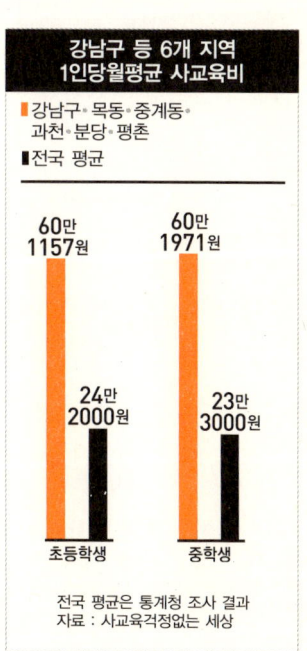

으로 드러났다. 이재민과 같은 가정형편에서 조기유학을 보내지는 못하더라도 특목고 진학을 위해 사교육을 받게 하려면 만만치 않은 비용을 지불해야만 한다.

재민이와 같은 학생들은 그냥 일반 중학교에서 열심히 기초를 닦고 일반 인문계 고등학교에 가서 착실히 또 다른 기회를 노리는 게 가장 안전하고 현실적이다. 재민이 정도라면 공부도 잘하고 학급회장도 하고 있으니 일반 인문계 고등학교에 가서도 본인만 성실히 하면 한국에서 명문대에 갈 수 있을 것이다. 인생 살아봐야 안다고 재민이 같은 아이들이 지금은 당장 조기유학을 못가고 더 좋은 조건에서 실력을 키워나갈 수 없다 하더라도 여차저차 언젠가는 용이 되어 하늘로 날아오를 수도 있다.

재민이와 같은 아이들이 다 상처받은 이무기로 인생을 끝낼 것이라고 쉽게 단정지을 수는 없다. 다만 우리 사회에서 재민이와 같은 아이들이 예전에 비해 상처받은 이무기로 인생을 끝내버릴 확률이 점점 높아지고 있다는 점을 이야기하고 싶다.

세계화 시대라는 삶의 조건이 1990년대부터 본격화되면서 예전처럼 국내에서 공부 잘하고 명문대 나오는 것만으로 용이 되어 하늘로 날아오를 수 있는 기반을 전부 갖출 수 없게 되었다. 외국 유학을 갔다 온 사람만이 성공하는 것은 아니지만 유학을 갔다오고 부모가 자식에게 물려줄 수 있는 보다 좋은 사회적 인맥과 돈을 가지고 있다면 성공할 확률이 확실히 높아진다. 이 사실을 대한민국에서 이제 모르는 사람은 없다.

'성공'의 의미를 새롭게 디자인한다면 모를까 아직 한국사회에서는 '성공'의 의미와 내용이 획일화되어 있다. 억대 연봉을 받으며 유망하고 안정된 직업을 갖고 생활하지 않으면 "출세했다, 성공했다"라고 쉽게 인정하지 않는 게 우리 사회의 분위기다. 물론 겉으로는 각자 하고자 하는 일을 하고, 자기 나름대로의 가치를 추구하며 사는 게 의미 있다고들 이야기한다. 하지만 제 자식이 라면 먹을 돈 정도만 벌면서 홍대 앞에서 그림을 그리거나 악기를 연주하며 자신만의 예술세계를 가다듬고 있는 모습을 마음 편히 봐줄 부모는 별로 없을 것이다.

남들과는 다른 꿈을 꾸며 다른 방식으로 사는 모습을 쉽게 허용하지 않는 게 지금 우리 사회의 분위기이다. 이런 상황에서는 다른 꿈을 꾸는 것 자체도 거의 불가능할뿐더러 설사 같은 꿈을 꾸더라도 다른 방식으로 이를 이루기 위해 나아가는 통로도 막혀버리게 된다. 재민이와 같은 부류의 학생들은 꿈도 접어야 한다.

하지만 더 우울해지는 건 그나마 재민이 뷰류의 학생들은 지금부터 다루려는 아이들에 비하면 훨씬 행복한 아이들이라는 사실이다. 재민이와 같은 학생들은 본인이 주어진 조건과 환경에 비해 큰 꿈을 꾸고 있기에 고통을 받는 것이다. 10대 시절 꿈을 포기하는 일이 힘들기는 하다. 그렇지만 재민이는 일단 우등생이고 부모님들도 힘닿는 한 전폭적인 지원을 해주실 것이므로 국내에서 열심히 공부해서 서울의 명문대를 가고 그 이후 또 다른 기회를 누려볼 수도 있다.

그러나 한 부모 가정에 살거나 중학교에 들어가서도 영어 사전 한 권 없이 공부를 하는 아이들은 어떻게 해야 하는가? 학교에서 돌아와 아무도 반겨주지 않는 집에서 손수 밥을 차려먹어야 하고 엄마와 아빠를 보는 일이 생활의 특별한 일과가 되어있는 아이들은 어떻게 해야 하는가? 누구도 공부하라고 강요하지 않기에 자유로워 보이지만 다른 많은 친구들이 받는 기본적인 관심조차 못 받는 아이들은 어떻게 해야 하는가? 그리고 그런 일이 자신의 미래에 얼마나 큰 악영향을 주는지조차 알지도 못하면서 살아가는 아이들은 어떻게 해야 하는가? 다른 꿈도 못 꾸는 이 아이들은 어떻게 해야 하는가?

**별도 안 드는
뿌연 개천에서
살 아 가 기**

보건복지가족부와 서울대 산학협력단이 내놓은 〈2009 한국 아동·청소년 종합실태조사〉에 따르면 대한민국에 볕 안 드는 뿌연 개천에서 허우적거리며 살아가는 어린 이무기들이 다수 존재함을 알 수 있다.

이 자료는 2007년 말 기준 전국 6천923가구를 소득계층과 지역별로 나누어 표본 추출해 조사한 결과이다. 이에 따르면 한국 어린이들의 절대 빈곤율은 7.8%이다. 최저생계비 이하의 수입을 올리는 가정에 속한 아이들의 비율이 이 정도이다. 이들 가정은 한 달 평균 약 92만원으로 생계를 이어간다. 이보다 한 단계 나은 가정을 차상위 계층이라고 하는데 이들 가정은 한 달 평균 144만원의 수입을 올린다. 이런 가정에서 자라는 아이들의 비중은 4.2%였다.

절대 빈곤층과 차상위 계층의 아이들을 합치면 전체 어린이의 12%에 달한다. 즉 10명당 1명 정도의 아이들은 자신들의 장래에 심각한 영향을 끼칠 수 있는 가난 속에서 살아가고 있는 것이다. 볕도 안 드는 시계제로의 뿌연 개천 밑바닥에서 허우적거리며 심지어 자신이 허우적거리고 있다는 사실조차도 모르며 살아가는 경우도 많다.

나는 부산 연산동에 있는 내 큰집에서 그 개천바닥을 본 적이 있다. 해군통역장교로 군복무를 하다가 2008년 겨울에 외국 항해를 준비하러 부산에 들린 적이 있었다. 그 때 인사차 큰집을 찾아갔다. 그 집에 사는 중학교 1학년 조카애를 보며 볕도 안 드는 개천바닥에 사는 게 이런 것이겠구나 하는 생각을 했다. 그 아이는 엄마 없이 아빠, 할머니와 함께 부산 연산동 달동네에 살고 있었다.

내가 어린 시절 부산 연산동 달동네 큰집에 종종 놀러갔을 때는 공기 좋고 살기 좋은 곳이라 생각했다. 아침에 일어나 창문을 열면 아침 산안개가 건너편 산허리를 두르고 있었다. 창문을 열자마자 쏟아져 들어오던 청명한 공기는 서울 촌놈이 맡을 수 없는 맑은 냄새를 실어 나르고 있었다. 어린 시절 그 느낌을 가질 수 있었던 이유는 아마 내가 그 당시 서울의 지하실 셋방에서 살던 아이였기 때문이었을 게다.

나야말로 지금 생각해보면 진짜 볕도 들지 않는 곳

에서 어린 시절을 보낸 개천 바닥의 미꾸라지였다. 햇볕이 들어오는 창문이 있는 방에서 아침 햇살에 눈을 뜨는 게 소원이었던 아이였다. 그래서 해와 가까운 산동네에 있는 부산 큰집이 좋았을 정도였다. 그렇게 좋았던 큰집에서 나는 2008년 겨울 우울한 경험을 했다. 달동네 큰집과 그 집에 살던 조카애가 내가 고민하던 문제의 살아있는 현장이었다.

몇 년 만에 만났던 내 조카애는 중학교에 들어가 목소리도 걸걸해지기 시작했다. 난 이것저것 조카애의 생활에 대해 물었다.

"한 반에 몇 명이니?"

"삼십 오 명이요"

"학교 끝나면 주로 뭐해?"

"학원 갔다가 친구네 빈집 있으면 가서 놀아요"

"학원에서는 뭐 배우니?"

"국영수요. 시험 때는 전 과목 다 공부하고요"

"무슨 과목이 제일 좋아?"

"……."

"중학교 올라갔는데 영어 사전은 있니?"

"아니요"

"……."

처음에는 내가 주로 묻는 걸로 대화를 시작했다. 아

이가 별로 할 대답이 없어 이야기는 툭툭 끊어졌다. 하지만 막판에는 내가 할 말이 없어 대화를 접었다.

아이의 아버지는 학원 승합차를 운전하는 일을 하고 밤에는 대리운전 일도 한다. 돌아가신 아이의 할아버지는 환경미화원 트럭을 운전하는 일을 했다. 대를 이어 부산에서 운전일을 하는 집안의 아이로 태어난 내 조카애는 밤낮으로 일하는 아빠를 볼 기회가 별로 없었다. 나이 드신 할머니 그러니까 나의 큰어머니는 아픈 다리 때문에 경사가 가파른 산동네 길을 다니시는 것도 불편해보였다. 아이의 밥이나 챙겨주는 일만으로도 족해 보였다.

오랜만에 만나 반가운 마음에 말을 걸었던 나는 누구도 그 집안에서 내 조카애와 함께 미래에 대해 같이 꿈을 꾸고 적극적으로 길을 제시해줄 수 없다는 걸 깨닫고 이내 입을 다물어야 했다. 아이는 그러나 이러한 자신의 처지와 환경을 깨닫고 있지 못했다.

내가 서울의 논술학원에서 가르쳤던 또래의 아이들은 어려서부터 원어민 강사와 영어 공부를 하고 대학원 이상의 학력을 가진 선생님들과 토론을 하며 한국어로 말하고 글 쓰는 법을 배웠다. 하지만 내 조카애는 중학생이 되어서도 변변한 영어 사전이 없었다.

몇 년 만에 본 아이는 밖에서 많이 놀아서인지 얼굴

이 검었고 표정이 없었다. 어둡지도 밝지도 않았다. 차라리 어두웠다면, 자기의 생활에 대해 불만을 가지고 적극적으로 그 상황을 벗어나보려는 눈빛을 보였더라면 더 반가웠을지도 모른다.

산동네에 햇볕이 가장 일찍 드는 자리에 살고 있었지만 아이의 환경과 미래는 볕도 안 드는 개천바닥에 쳐 박혀 있다는 느낌이었다. 그날 밤 난 배로 돌아와 좁은 함정 침상에서 소금 친 미꾸라지처럼 뒤척이다 잠이 들었다.

**통계로 보는
볕 안 드는
개천 바닥**

　　　　내 조카애와 같은 비슷한 상황에 빠진 아이들을 숫자로 객관화시켜 놓은 것이 앞서 언급한 〈2009 한국 아동·청소년 종합실태조사〉이다. 이 자료를 좀 더 보면 12~18살의 빈곤층 아이 중 58%는 한 부모 가정에서 자란다. 이와 비교해 차상위 이상 계층의 아이들은 6.5%만이 한 부모 밑에서 생활한다. 결과적으로 가난한 집의 아이들이 보다 관심과 배려를 덜 받을 확률이 훨씬 높다.
　　　　빈곤층의 아이들은 대부분은 내 조카애와 마찬가지로 할머니나 할아버지가 주로 돌보고 3~5살 사이의 빈곤층 아동들은 무려 20.8%가 조부모 혹은 친척이 돌보고 있었다. 이와 비교해 차상위 이상 계층에서는 4.6%만이 조부모 혹은 친척의 보살핌을 받고 있었다. 이에 따라 부모와 함께 거의 매일

책 읽는 아이들의 비율도 6~8살의 경우 빈곤층이 13.1%, 차상위 이상 계층이 44.1%로 약 3배의 차이를 보였다. 9~11살의 경우는 빈곤층이 12.0%, 차상위 이상층이 17.5%로 그 차이가 줄어들었다. 하지만 이는 아이가 학교에 다니고 자기 시간을 스스로 가지기 시작하는 나이가 되면서 부모의 직접관리가 줄어드는 조건을 생각해봤을 때 당연한 결과이다.

　　　　오히려 이 경우 차상위 이상층이 부모와 함께 책 읽는 비율이 44.1%에서 17.5%로 현저히 줄어드는 점에 주목해야 한다. 바로 차상위 이상층에서는 학교에 들어가 본격적인 개인학습이 시작되는 9살 무렵부터는 사교육의 비중을 높여

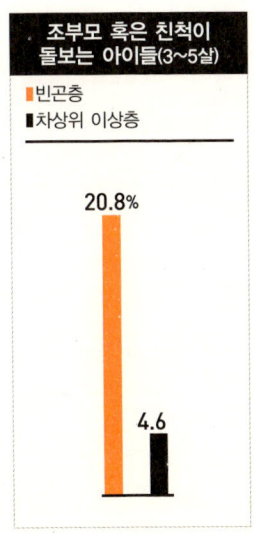
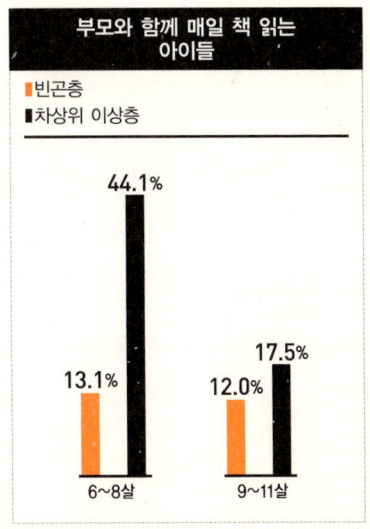

부모보다는 전문화된 사교육 시스템에 아이를 맡긴다고 볼 수 있다. 아이가 커 갈수록 빈곤층과 차상위 이상층의 경쟁이 비슷한 조건에서 이루어지지 않는다는 걸 의미한다.

물론 조부모나 친척의 보살핌을 받는다고 해서 반드시 불행하거나 학습능력이 떨어진다고 할 수는 없다. 그러나 종합적인 인지결과 발달을 조사한 항목을 보면 부모와 떨어져 보내는 시간이 많은 빈곤층의 아이들은 차상위 이상 계층의 아이들보다 인지능력 발달에서 뒤처지는 것이 드러났다.

8살 아이들을 기준으로 했을 때 수리 사고력 지수는 빈곤층이 11.84, 차상위 이상층이 12.32로 나타났고, 사회적 사고력 지수는 빈곤층이 11.84, 차상위 이상층이 12.32로 나타났다. 이는 학교수업과 향후 인지발달에 있어서 중요한 부문인 수리와 사회 발달영역에서 가난한 집 아이들이 그렇지 않은 집 아이들보다 전반적으로 뒤떨어짐을 보여준다.

또 12~18세 차상위 이상 계층의 아이들 중 66.5%가 부모와 함께 한 달에 1회 이상 외식을 하는 반면 빈곤층은 28.3%만이 이에 해당됐다. 부모와 함께 하는 쇼핑의 경우도 차상위 이상층이 49.8%가 한 달에 1회 이상 부모와 자녀의 동반쇼핑을 하는 반면 빈곤층 아이들은 23.5%만이 그럴 기회를 누린다. 나들이의 경우 차상위 이상에서는 23.4%가 부모가 한 달에 1회 이상 자녀를 데리고 바깥 바람을 쐬지만, 빈곤층에서는 15.1%만이 그런다고 답했다. 공연관람에서도 차상위 이상 층은 14.1%, 빈곤층은 7.1%의 비율을 보여 부모와 자녀가 함께 돈을 쓰며 여유롭게 시간을 보내는 기회가 각 항목마다

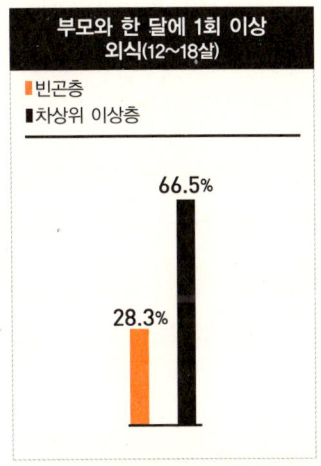

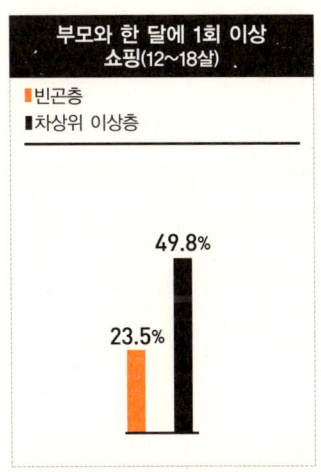

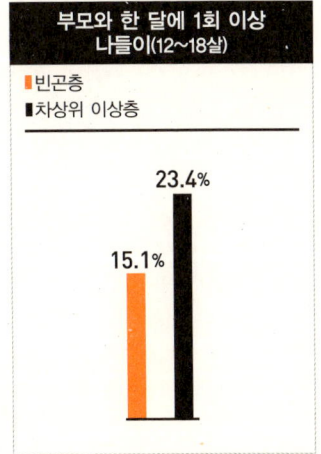

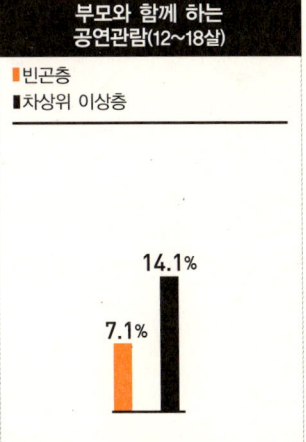

2~3배 정도는 차이가 나는 것으로 드러났다.

　　　　　이것도 양적으로 따졌을 때 이렇다는 것이지 그 질을 따지고 든다면 차이가 더욱 벌어질 수도 있다. 예컨대 차상위 이상층에서는 아이를 데리고 나가는 외식의 경우 기억에 남을 만한 식사만을 기준으로 생각해서 근사한 패밀리 레스토랑 등에 가는 경우를 가정하고 답했을 수도 있다. 주말저녁에 집에서 밥해 먹기 귀찮아 동네 중국집을 가거나 삼겹살집에 가는 경우의 수는 그냥 집안에서의 가족 식사를 확장한 개념으로 생각해 빠졌을 가능성도 고려해보아야 한다.

　　　　　그러나 빈곤층에서는 그냥 밥하기 귀찮다고 휙 나가 동네 근처 식당에서 식사하는 일은 거의 없다. 나가면 돈 드는 외식을 밥 먹듯이 할 수 없는 노릇이고 외식환경의 질도 상당히 다를 수 있다. 공연관람의 경우도 차상위 이상층이 연극이나 오페라 등을 기준으로 답했을 수도 있는 반면에 빈곤층에서는 극장 나들이를 공연관람의 전부로 생각했을 수도 있다. 자료의 과잉해석도 금물이지만 축소해석도 금물이다. 그리고 이 경우에는 축소해석을 한다고 해도 양적인 숫자에서 차상위 이상 계층과 빈곤층의 상대적 비율이 2~3배 정도 차이가 나는 것은 확실하다.

오늘날의 개천은 강과 바다로 닿지 않 는 다

숫자가 진실을 모두 말해주는 것은 아니지만 어느 정도 현실은 파악할 수 있게 해준다. 이런 점에 비추어 보면 지금까지 살펴본 통계는 우리가 심각하다고 느껴온 상황을 일목요연하게 보여주는 좋은 자료라고 할 수 있겠다.

문제는 좋은 자료가 있다고 해서 심각한 상황 등이 바로 해소되지는 않는다는 데 있다. 여태까지 통계가 없고 문제 상황에 대한 인식이 없어서 빈곤층과 차상위 이상 계층 사이의 격차가 해결 안 된 것이 아니다.

또한 차상위 계층 이상에서도 최상급의 부유층과 비교했을 때 평범한 중산층과 서민층이 느끼는 상대적 박탈감도 여전할 것이다. 차상위 이상 계층은 한달 평균 357만원을 버는 가정을 뜻하는데 이 가정은 이재민의 경우에 해당하는 가정이다. 이런 가정의 아이도 조기유학 등의 문제로 그 이상 계층의 아이들과 자신을 비교하며 실패감과 상대적 박탈감을 느낄 여지는 언제나 남아있다.

빈곤층은 차상위 이상 계층에 대해 박탈감을 느끼며 살아가고 차상위 이상 계층에서도 평범한 서민층이 최상위 부유층에 대해 박탈감을 느끼고 결과적으로 빈곤층과 중간층 그리고 최상위 부유층 사이에 서로에 대한 괴리감과 이질감만이 깊어질 가능성이 높은 게 지금의 한국 사회이다. 해가 갈수록 새롭게 나오는 각종 통계자료들도 이런 현상이 더욱 심화되고 있음을 말해준다. 개천 밑바닥은 더 깊어지고 있다.

이 개천 밑바닥에서 신음하고 있을 아이들을 이끌어내지 못할 경우 대한민국의 성장 동력은 근본적으로 훼손될 수밖에 없다. 개천 밑바닥에 있는 아이들 중 뛰어난 인재가 있는데도 발견하지 못해서 그냥 사장시켜버릴까 하는 우려는 매우 기본적인 걱정이다.

개천 밑바닥에서 생활하던 아이들과 넓디넓은 강이나 바다에서 생활하던 아이들은 언젠가 다함께 자라 이 땅에서 같이 살아갈 것이다. 거기에 여전히 개천 밑바닥에서 신음하는 사회계층이 다수 존재한다고 해보자. 그리고 그 수가 빈부격차의 심화 등으로 계속 확대된다고 해보자. 이들이 사회 불만에 가득차 방관자적 자세로 일관하며 우리 사회에 짐만 되는 사회

부담 세력이 된다면 어떻게 될 것인가. 이들이 바다에서 나고 자란 용들이 세계를 상대로 마음껏 활약하는데 발목을 잡을 장애요소가 된다면 어떻게 할 것인가. 우리 사회의 앞날이 불행해질 것은 자명하다.

어느 시대, 어느 사회에서건 빈부의 격차와 인간 능력의 차이가 있는 것은 부인할 수 없는 사실이다. 다만 그 격차를 줄이고 안정적으로 사회를 관리하려고 세계 각국의 정부와 시민들은 계속 관심을 기울이고 노력한다. 빈곤층을 잘못 관리할 경우 한 사회가 건강하게 발전할 수 없다는 것은 상식에 속한다. 하지만 한국사회의 빈곤층은 이 상식의 보호를 받지 못한다. 빈곤층이 사는 개천은 강과 바다로 굽이쳐 흘러 연결되지 않고 그 흐름이 점점 끊겨가고 있다.

실제로 2009년 4월 13일 발표된 통계청의 가계수지동향을 보면 2008년 기타교육훈련비는 18조7230억 원으로 2007년에 비해 1조3295억 원이 늘었다. 이 기타교육훈련비에는 정규 교육과정 납입금을 제외한 사교육비가 포함된다. 소득 계층별로 상위 20%의 기타교육훈련비는 월평균 32만1253원으로 하위 20%의 4만6240원에 비해 7배가량 많았다. 상위 20%와 하위 20%의 기타교육훈련비 지출격차는 2003년 5.3배, 2005년 5.9배, 2006년 6.6배로 계속 커지는 추세이다[경향신문 2009년 4월14일].

한편 한국개발연구원은 2009년 2월 출생지 및 14세 때의 거주지가 학벌과 임금격차를 형성한다는 조사결과를 발표했다. 〈지방대학 문제의 분석과 시사점〉이라는 보고서에서 연구원은 외국에서 출생한 학생의 수능 백분위 점수가 서울 출생 학생보다 5점 높다고 밝혔다. 서울 출생 학생을 기준으로 했을 때 인천은 0.95점, 대구 2.12점, 대전 2.40점 낮았다. 전북은 11.29점, 전남은 6.41점, 제주는 6.62점 서울보다 점수가 더 낮은 것으로 드러났다.

14세 때의 성장지 기준으로는 외국에서 교육받은 학생이 서울에서 자란 학생보다 7점 높았고, 인천은 1.11점, 대전은 2.98점 낮은 것으로 나타났다. 전북은 13.06점, 전남은 7.95점 낮아 서울과 그 격차가 더 벌어졌다. 이에 따라 지방 학생들의 서울이나 수도권 소재 명문대 진학률은 낮아질 수밖에 없다. 그리고 비서울 지역에 있는 대학을 졸업하면 서울 지역 대학 출신자보다 평균 16.4% 낮은 임금을 받는 것으로 조사됐다.

지방에서 태어나 자라면 학벌격차의 저지대에 위치할 가능성이 크고 이에 따라 임금격차의 저지대로 자연스럽게 흡수되어 지역 간, 계층 간 이동의 벽을 깰 가능성이 그만큼 줄어드는 것이다.

아예 서울이라는 넓은 강이 아니라 외국이라는 큰

바다에서 태어나거나 14세경에 조기유학을 떠나 영어와 '선진문물'을 익히면 서울 지역의 학생들보다도 수능 점수를 더 높게 받고 이에 따라 더 좋은 대학에 가고 당연히 사회진출도 안정적으로 할 수 있으리라는 걸 이 조사를 통해 짐작할 수 있다. 동시에 개천에서 태어나 자란 이들은 그 강과 바다에 닿을 가능성이 점점 낮아지고 있음을 보여주는 씁쓸한 결과이기도 하다.

한 아이의 출생지나 14세 성장지를 결정짓는 부모에 대한 관련연구도 눈길을 끈다. 한국은행 금융경제연구원은 〈가계재무구조와 사교육비 지출 행태〉 보고서에서 고2 자녀를 둔 어머니가 대졸인 경우에는 어머니가 고졸인 경우보다 사교육비 지출액이 월평균 23만원 많다고 밝혔다. 어머니가 고졸인 경우에는 중졸 이하의 어머니보다 월평균 12만원을 많이 썼다연합뉴스 2009년 4월15일. 어머니가 대졸인 경우와 중졸 이하인 경우 약 35만원까지 사교육비 지출의 차이가 날 수 있음을 암시한다.

일반적으로 대졸 출신의 어머니는 대졸 출신의 남성을 만나 가정을 꾸리고 보다 높은 임금을 받으며 보다 많은 사교육비를 쓸 수 있는 여건이 허락된다. 그렇기에 많은 교육을 받은 부모에게서 태어난 자녀는 상대적으로 더 많은 교육과 관심을 받을 여건이 출생 때부터 조성되는 것이다.

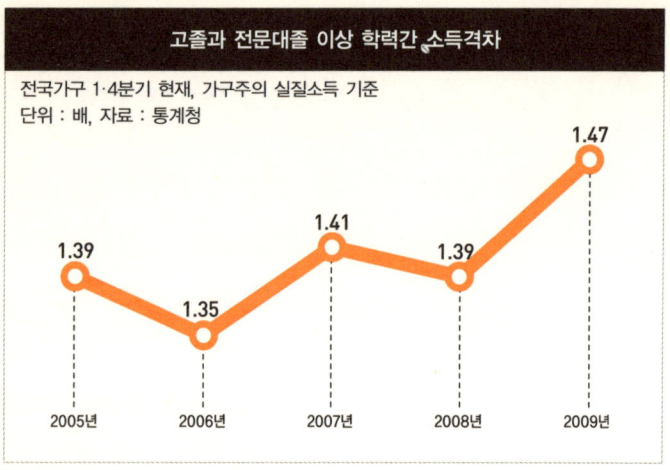

　　　　　반면 지방의 고졸 혹은 중졸 출신 여성들은 그 지역 출신 고졸 이하 학력의 남성과 만나 결혼하여 적은 수입으로 가계를 꾸리느라 많은 교육비를 투자하지 못하고 이 영향으로 그 자식들은 낮은 수능 점수를 받고 좋은 대학을 못가고 다시 낮은 임금생활을 해야 하는 악순환에 빠질 위험이 크다. 한 아이의 출생지와 성장지를 결정짓는 부모의 학벌과 소득 수준 정도는 이런 식으로 대물림되어 학벌과 소득격차는 계속 이어진다.

강과 바다에 사는 아이들은 행복할까

　　이에 비해 학벌 좋은 엄마들은 정보와 네트워크로 무장하여 자식들을 더욱 좋은 대학에 보내고 그걸 경력 삼아 대접받는 풍조까지 생겨나고 있다. 요즘 강남에서는 자녀를 최상위권 대학에 보내거나 유학에 성공시킨 엄마들이 이른바 '아줌마튜터'가 되어 입시 컨설턴트 일을 하기도 한다. 〈시사저널〉 2009년 6월2일호에 따르면 미국 아이비리그에 자녀를 입학시킨 학부모의 경우 입시 달인으로 인정받아 귀한 대접을 받는다고 한다. '아줌마튜터'가 되어 남의 자녀를 떠맡아 입시 과정을 총체적으로 관리해주는 일을 한다. 보수는 부르기 나름이다.

　　점점 치열해지는 입시 경쟁에서 세밀한 컨설턴트와 일대일 맞춤식 전략수립과 실행이 요구되면서 생긴 새로운 풍속이다. 이런 새로운 환경에서 치밀한 전략적 도움을 받으며 크는 아이들은 성공할 확률이 높으니 행복한 기대감에 찬 생활을 하고 있어야 한다. 하지만 실상은 다르다.

늦은 밤 학원들이 밀집해있는 서울의 대치동이나 목동, 노원에 나가서 아이들 표정을 살펴보면 단박에 그렇지 않다는 걸 알 수 있다. 하루에 12시간 넘게 학교와 학원수업에 시달리다 자정이 되어 집으로 잠시 자러 들어가는 학생들이 정신적으로 여유롭고 풍요한 생활을 할 리 만무하다.

개 중에는 정말 공부 자체를 즐거워하고 그 경쟁을 자기발전의 기회로 적극적으로 받아들여 활기가 넘치는 학생들도 있을 것이다. 하지만 이는 지극히 적은 '소수'이다. 어차피 모두가 전교 1,2등을 돌아가면서 하고 전부가 서울대를 갈 수 있는 건 아니다. 이런 구조에서 이 자리를 차지하기 위해 거의 모두가 올인하고 있다면 뒤처지는 학생들이 학원수업과 과외에 끌려 다니며 받는 스트레스는 엄청날 것이다.

만약 어떤 샐러리맨이 아침7시에 출근해서 밤12시에 퇴근하는 생활을 거의 매일 한다고 해보자. 승진을 하고 언젠가 CEO가 된다는 희망에 몸 바쳐 일을 할 수 있는 에너지를 뽑아낼 수 있다. 하지만 문제는 누구나 임원이 되고 CEO가 될 수는 없다는데 있다. 누군가는 중간에 그만두어야 한다. 그럼에도 불구하고 자기는 그만둘 사람에 속하지 않는다며 최면을 걸고 사람들은 '올인'을 한다. 그러다가 승진탈락이나 갑자기 찾아올 수 있는 사퇴권고 등에 심한 좌절감을 맛봐야 한다.

마찬가지로 모두가 서울대를 갈 수 없고 혹은 의대와 약대 등을 갈 수는 없는 노릇이기에 누군가는 다른 길로 빠져 균형을 맞추어야 한다. 하지만 밤늦은 시각에 학원가를 빠져나오는 학생들과 차를 몰고 학원 앞에서 아이들을 기다리는 엄마들을 보자. 누구도 다른 길로 빠지겠다는 마음을 가진 것 같지는 않다. 그래서 그중 누군가는 입시 실패와 성적 부진 등으로 불가피하게 심한 좌절감에 빠져 살아야 할 것이다.

"수학 경시대회나 시험 때마다 나는 높은 점수를 받아본 적이 없다. 그리고 내 친구들은 높은 점수를 많이 받는다. 그때마다 자존심이 상한다. 나는 점수를 낮게 받을 때마다 나는 공부도 못하니까 이 세상에 쓸모없다고 생각한다. 공부 못한다고 놀림 받을 때 나는 하찮고 쓸모없다고 생각한다."

〈시사in〉 2009년 5월 30일자 커버스토리 중 '꿈을 잃은 사회, 꿈꾸지 못하는 아이들'이라는 기사에 실린 한 초등학교 6학년 학생의 인터뷰이다. 공부가 전부인 아이들에게 점수가 안 나오고 시험을 못 본다는 사실은 자신의 존재이유가 무너지는 큰일이다.

공부 이외의 다른 출구와 경로가 없는 획일적 사회에서 아이들은 쉽게 불행해질 수 있다. 정말로 공부 자체를 즐기는 학자가 될 소수의 아이들을 제외하고는 많은 관심과 교육을 받는다 해도 아이들이 획일적 구조에 찌들어 행복을 느낄 가능성이 적다. 볕도 안 드는 개천바닥에 처박혀 사는 아이들에 비해 상대적으로 많은 관심과 교육을 받지만 그 관심과 교육 정도에 비례해 성적으로 인정을 받아야만 하는 오늘의 아이들은 힘든 경쟁 속에서 어려서부터 자기를 채찍질하며 살아야만 한다.

교육과학기술부가 국회에 제출한 자료에 따르면 2007년에만 142명의 학생들이 성적 비관 등으로 자살을 했다. 또 교과부가 2008년 10월에 실시한 '학생 자살예방 연수 교육' 자료에서는 중고등학생 중 자살을 생각한 학생들이 조사 응답자의 22.6%에 달했고 실제로 4.7%는 자살을 시도해봤다고 답했다.

"죽인다", "죽겠어"를 남발하는 게 한국말의 특징이기도 하지만 정말 죽겠다고 생각한 10대 학생들이 다섯 명 중 한 명이라는 조사결과다. 그리고 간간히 언론 보도를 장식하는 청소년 자살 소식은 결코 남의 일만은 아니다.

예전에 내가 과외지도를 하던 K라는 학생은 친한 친구가 아파트에서 떨어져 자살을 한 적이 있었다. 아파트에서 떨어지기 전 K의 친구는 K에게 문자를 보냈고 경찰은 문자 수신자인 K를 새벽에 불렀다. 그리고 그만 아직 10대이던 K에게 시신을 확인시키는 실수를 저지르고 말았다. 그 충격에 K는 한동안 제대로 된 생활을 하지 못했다.

성인이라도 친한 친구의 죽음을 접하고 그 시신을 확인하는 게 쉽지 않은 일이다. 그런데 당시 경찰은 경솔한 수사진행으로 K에게 평생 잊지 못할 충격을 안겨주었다. 학생들을 학교성적으로 줄 세우는 것도 어른들이고 그로 인한 피해로부터 안전하게 보호해주지 못하는 것도 어른들이었다. 어른들은 아이들이 어른들의 세계에 진입하기 위해 혹독한 경쟁에 내몰려 산다는 걸 알지만 인간적으로 이를 이해해주고 배려해주는 상식은 갖추지 못하고 있다. 아이들은 친구들과 경쟁해야 하고 어른들과 단절된 상황에서 고립되는 이중고를 겪는다.

이 때문에 연세대 사회발전연구소가 2009년 5월에 밝힌 경제개발협력기구OECD 국가 청소년 행복감 조사 지수에서 한국 청소년의 행복감 지수가 71.6점으로 최하위를 기록한 것은 그리 놀라운 일도 아니다. 그리스 청소년들은 무려 114점을 기록했다. 한국 학생들은 55.4%만이 행복하다고 조사에 답해 OECD 평균 84.8%에 크게 미치지 못했다. 유엔아동기금UNICEF의 2006년 연구와 비교분석하여 얻은 이 결과는 신문과 방송에서 '한국 청소년 행복감 OECD 최하위'라는 제목으로 널리 보도되었다.

1990년대 세계화를 주창하면서 OECD에 가입하고

행복한 장밋빛 사회를 우리의 아이들에게 물려줄 수 있을 것처럼 사람들은 꿈꾸었다. 하지만 십여 년 이상이 흐른 지금 우리가 청소년들에게 물려주고 있는 것은 선진국 중 가장 살기 힘든 사회이다. 영화 〈죽은 시인의 사회〉의 키팅 선생같은 어른들을 그리워하는 학생들로 가득한 '죽고 싶은 학생들의 사회'를 물려주고 있다.

어쩌다 이 지경에까지 이르렀는가? 볕도 안 드는 개천바닥에 쳐박혀 사는 아이들, 개천 중류에 살면서 강과 바다에 사는 '이무기'들과 스스로를 비교하며 괴로워하는 아이들, 강과 바다에 살며 용이 되어 승천할 가능성은 매우 높지만 결코 행복하지만은 아이들. 모두가 행복할 수 만은 없겠지만 지금처럼 모두가 불행해질 준비를 갖춘 사회를 만나기도 힘든 일이다. 불행의 바이러스가 퍼진 사회에서 행복과 희망에 대한 믿음을 가꿔보지 못한 아이들이 자라나서 운영할 대한민국이 밝은 미래로 가득 차 돌아가리라고 장담하기는 어렵다.

그렇기에 시급하게 다시 아이들이 행복해질 사회를 만들어나가야 한다. 강과 바다에 살면서 원래 용이 될 자질을 가진 아이들은 용이 되도록 더욱 도와주고, 개천에서 살더라도 용의 자질을 갖추고만 있다면 하늘로 올라 세상을 비출 수 있도록 물길을 터주어야 한다. 미래의 성장 동력인 아이들의 에너지를 사장시키며 대한민국이 나아간다면 그 미래는 뻔하다.

강과 바다는 개천에서 시작한다. 개천에 썩은 물이 흐르고 이 세상에 분노를 품은 상처받은 이무기 혹은 미꾸라지들이 범람한다고 생각해보라. 아무리 견고한 둑을 쌓고 물길을 막아도 진동하는 썩은 내를 어찌할 도리가 없다. 언젠가는 넘쳐 흐를 상처받은 이무기와 미꾸라지들의 반발을 쉽게 막을 수 없을 것이다. 강과 바다도 같이 썩어갈 것이고 새로 정화를 하는데 많은 시간과 노력이 필요할 것이 자명하다. 그래서 물길을 터야한다. 그런데 왜 안 트이고 있는 것일까?

개천에서도 용은 났으나
다이너마이트에 불장난하는 대한민국?
억울하면 출세해라, 왕조의 몰락과 식민지배
억울하면 출세해라, 정부수립과 고착된 기회주의
억울하면 출세해라, 뿌리 깊은 기득권과 막힌 공로(公路)
개천에서 용 되려면 무조건 "중앙으로!"
대학입시는 계급투쟁
가족 이기주의
늘어나는 사회비용
인삼이나 산삼보다 귀한 고3
무한발전 사교육
병목현상
패자부활전도 없다
왜 이렇게까지
개천에서 난 용 한두 마리로는 안 된다

개천에서도 용은 났으나

**개천에서도
용은 났으나**

"끼니조차 잇기 어려웠던 시골 소년이 노점상, 고학생, 일용노동자, 샐러리맨을 두루 거쳐 대기업 회장, 국회의원과 서울특별시장을 지냈습니다. 그리고 대한민국의 대통령이 되었습니다……. 저는 이 소중한 땅에 기회가 넘치게 하고 싶습니다. 가난해도 희망이 있는 나라 넘어져도 다시 일어설 수 있는 나라 땀 흘려 노력한 국민이면 누구에게나 성공의 기회가 보장되는 나라, 그런 나라를 만들고자 합니다." 이명박 대통령 취임사, 2008년 2월 25일

"울산 ㅈ여고 학생 4명은 급식비를 내지 못해 5월 한 달 동안 점심을 굶었다. 학부모 이름으로 개설된 '자동 이체 통장'에 잔액이 없어 결제가 되지 않자 학교 측이 일방적으

로 급식을 중단한 것이다. 한 학생은 '행정실로부터 급식중지 통고를 받고 부끄러워 쥐구멍에라도 들어가고 싶었다'고 털어놨다."경향신문 2009년 6월 3일, "학교 무료급식 시대를 열자" 연속기획 1회 '눈물 젖은 점심'

    2007년 대한민국 사람들은 대통령은 하늘이 내는 사람이라는 말을 실감했다. BBK 의혹과 각종 말실수, 스캔들 속에서도 이명박 한나라당 후보는 압도적인 표차로 그해 12월 대선에서 승리했다. 대통령 자격 검증이나 도덕성 문제 등 아주 많은 논란들이 불거졌으나 대부분의 사람들은 "원래 그러려니" 하며 넘어갔다. 청계천을 복원하고 서울시 대중교통 체계를 혁명적으로 개선하는 등 눈에 보이는 성과도 있었고 거기다가 기업인 출신이니 "경제대통령"이라는 이미지 전략이 아주 잘 먹혀들어갔다. 국밥집에서 "경제는 꼭 살려라"고 호통치는 욕쟁이 할머니의 꾸중을 들어가며 꾸역꾸역 국밥을 먹는 모습도 상대 후보를 압도하는 정서적 설득력을 가지고 있었다.
    지난 2007년 대선의 주요기준 중 하나는 '민주화 정권 10년, 그들은 무엇을 했는가?'였다. 여기서 민주화 세력이 그간 거둔 외환위기 극복과 남북관계의 진전, 수평적정권교체 등을 통한 민주주의 발전은 세계화의 격랑 속에서 더욱 심해진 양극화와 청년실업의 절박함 가운데 묻혀버리고 말았다.
    아파트 싱크대에 물이 새서 배관공을 불렀으면 사람

들은 배관공이 파이프를 갈고 물이 콸콸 잘 나오게 해주길 원한다. 배관공이 하는 "이 아파트의 건설사가 부실공사를 해서 수압이 좋지 않고, 파이프도 보다 개량된 신형으로 쓰는 것이 장기적으로 좋으므로 새 파이프가 나올 때까지 기다려보는 게 좋겠다"는 따위의 권고를 들으려 하지 않는다.

마찬가지로 당장 경제 한파로 어려움을 겪는 중산층과 서민들에게 세계화 문제가 어떻고, 남북관계가 좋아야 외국인 투자도 유치하고 장기적으로 경제발전에 유리하므로 인내심을 가지고 북한과 대화해야 한다는 등의 설명은 잘 들어오지 않는다. 당장 가려운 데를 긁어줄 수 있을 것처럼 청계천 복원 같은 눈에 보이는 성과를 들이대고 되든 안 되든 '7% 성장, 국민소득 4만불, 세계 7대 강국' 등의 얘기를 풀어놓는 게 먹혀든다.

자영업자의 비율이 전체 경제활동 인구의 3분의 1에 가까운 우리 나라의 경제 구조상 국민들은 시장과 생활현장에서 경기불황을 쉽게 피부로 느낀다. 570만 자영업자가 있다고 하는데 그 딸린 식구들을 생각한다면 2천만이 넘는 인구가 자영업자의 체감경기에 따라 경제흐름의 좋고 나쁨을 판단한다. 이들이 거시지표상의 경기회복 조짐이나 제도개선 사항 등을 쉽게 느끼기는 어렵다. 이마트나 홈플러스 같은 대형마트, 인터넷 상거래 등의 번창으로 동네 구석구석의 구멍가게, 철물

점, 옷가게, 귀금속상, 서점, 전파상, 야채가게, 생선가게, 신발가게, 이불가게 등은 당장 생존의 위협에 내몰리고 있다. 가게 주인들과 가족들은 세상이 죽을 맛이다.

한편 수출은 늘고 대형 유통업체 등은 사세를 날로 확장하고 있다. 그렇지만 거기서 일하는 임금노동자들은 회사가 2배 커졌다고 해서 임금이 2배로 올라가지는 않는다. 그러므로 그저 받던 월급 받으며 생활을 꾸린다. 그러면서 경제가 어렵다는 언론 보도와 장사하는 주변 사람들 신음 소리를 들으며 정말로 어렵구나라는 생각을 하며 살아간다. 경기부양을 위해 정부가 국민들이 소비 진작을 해주어야 한다고 아무리 이야기를 해도 먹힐 여지가 없다.

매일같이 허리띠를 졸라매며 죽을 둥 살 둥 사는 상황에서는 "잘 먹고, 잘 살게 해주겠다"는 정치인이 장땡이다. 눈에 보이는 가시적인 정책성과까지 가지고 있다면 혹하고 찍어줄 수밖에 없다. 주가조작 의혹이 있고 거짓말 동영상이 떠돌아도 원래 그러려니 하고 그냥 넘어가 줄 수 있는 조건과 환경이 생긴다. 이 틈을 파고든 결과가 바로 2007년 대선에서의 이명박 후보 승리였다.

정동영 후보의 '가족이 행복한 나라' 라는 구호는 가족의 '경제적 행복'을 깨버린 집권세력이 무슨 할 말이 있냐는 반론에 부딪혔다. 어떻게 행복을 찾을 것인지에 대한 흡입력 있는 설명도 곁들이지 못했기에 국민들 마음에 와 닿지 못했다. 그 결과 이명박 후보 48.6%, 정동영 후보 26.1%의 현저한 득표율 격차가 나타났다. 두 후보 간의 표 차이는 무려 5백31만여 표에 달했다. 김대중-이회창, 노무현-이회창 대결에서의 39만여 표, 57만여 표 차이를 생각하면 대단한 격차가 아닐 수 없다.

    하지만 역대 최대격차를 벌려 당선되었다고 해서 이명박 대통령이 역대 최대 지지를 얻은 것은 아니다. 당선 득표수를 보면 이명박 대통령은 1149만여 표로 노무현 대통령의 1201만여 표보다도 적다. 전체 유권자수(3765만여 명) 대비 당선 득표수(1149만여 표)를 계산해보면 30.5% 정도로 역대 어느 대통령보다도 낮은 것으로 나타난다. 지난 2007년 대선은 국민들의 정치 불신과 무관심이 극에 달해 일단 대선 투표율이 63%로 보통 70~80%를 상회하던 이전 선거에 비해 훨씬 낮았다. 따라서 정동영 후보와 표 차이가 아무리 많이 난다고 해도 득표수 자체를 고려하면 그리 큰 득표를 한 것도 아니다. 워낙 큰 표 차이가 나서 이명박 대통령이 절대적인 지지를 얻은 것처럼 착시현상이 생긴 것이다.

    끼니도 잇기 어려운 시골 소년으로 태어나 온갖 의혹과 논란에도 불구하고 대통령 후보가 되어 역대 가장 적은 표를 가지고도 가장 많은 지지를 받은 것처럼 평가되며 대통령

자리에 오른 사람이 이명박 대통령이다. 그러니 실로 대통령 자리는 하늘에서 내리는 것이라는 말이 딱 들어맞는다고 할 수밖에 없겠다.

그럼 이런 대통령을 하늘이 주신 이유는 뭘까? 민심이 천심이라고 하니 순수한 민심을 반영해서 생각해보자. 하늘은 신용불량자 되어서 노숙하는 사람, 입시 스트레스 때문에 자살하는 학생, 일자리 없어서 고민하는 청년들 문제 해결하고 빈부격차 줄이며 적어도 사람들이 밥 굶는 일은 없도록 하라고 이명박 대통령을 이 땅에 주신 것이다.

그런데 울산 ㅈ여고에서는 한 달 4~5만원하는 급식비를 내지 못해 학생들이 밥을 굶고 있다. 빅뱅의 신곡에 환호하고, 소녀시대와 원더걸스의 춤을 따라하고, 첫사랑 동갑내기 남자친구와 공부하는 틈틈이 핸드폰 문자로 연애쪽지를 주고받고, 가끔씩은 진로고민으로 답답해하면서도 끝내 맑은 웃음으로 이겨나가야 할 여고생이 학교에서 점심밥을 못 먹고 있다. 이게 하늘의 뜻일까!

**다이너마이트에
불 장 난 하 는
대 한 민 국 ?**

비단 울산 ㅈ여고만의 문제가 아니다. 광주지역 초·중·고에서 2008년에 3개월 이상 급식비를 내지 못한 학생은 888명이다. 2007년 751명보다 1년 사이에 137명이 늘었다. 대구지역도 2008년에 442명^{2007년 386명}이 같은 처지였다. 서울지역도 2009년 2월까지 급식비를 미납한 학생이 4661명이나 됐다. 2007년 미납 학생 가운데 1325명은 올해 2월까지도 급식비를 내지 못했다^{경향신문 2009년 6월3일}.

예전에 이명박 대통령이 서울시장을 할 때 소년소녀가장에게 장학금을 전달하는 행사를 따로 성대히 치르지 않은 사연을 들은 적이 있다. 가난한 어린 학생들을 불러놓고 공개적으로 행사를 하면 자칫 학생들이 마음의 상처를 받을 수 있다는 이유 때문이었다. 어려운 고학생 생활을 한 사람인지라 역시 남다른 지적을 했다고 생각했다. 고개가 끄덕여졌다. 그런데 그렇게 가난한 학생들을 생각하던 사람이 대통령이 된 지 일 년이 지나는 동안 밥 굶는 학생들이 전국적으로 골고루 더 늘었다.

워낙 조용조용히 도와주려고 하다 보니까 아예 음지에 있는 학생들은 까먹는 실수라도 범한 것인가? 이른바 '부자감세'를 추진해서 13조 5천억 정도를 돌려주면 부자들이 알아서 밥 굶는 아이들도 도와주려니 생각한 것일까? 이대통령이 13조 5천억원의 수혜자가 될 전국의 갑부들 모두가 자신처럼 교회 '장로'를 하는 '선한 부자'려니 하고 낙관한 것인가?

국회 예산정책처는 전국의 초·중 무료급식을 실시하는데 들어가는 비용을 2010년 기준으로 2조 정도로 추산했다 경향신문 2009년 6월3일. 부자감세해서 돌려주는 돈의 7분의 1에 조금 더 보태면 전국의 아이들이 점심을 굶지 않을 수 있다. 정녕 이 사실을 몰라서 정부가 추진하지 않는 것이라고는 꿈에도 생각하지 않는다. 몇 년씩 어려운 고시 공부를 한 정부의 많은 수재들이 매일같이 각종 보고서를 올릴 텐데 이 내용이 안 들어가 있을 리가 없다.

정책이라는 것이 어차피 정책결정권자의 주관적 의지와 가치 설정에 따라 달라지는 것이니 우선순위와 취사선택에서 밀릴 수도 있다고 짐작한다. 어떤 정부든지 자신들을 지지해준 유권자와 정권을 구성하고 있는 정파와 이해관계자들의 입맛에 따라 정책을 선별하고 집행할 권한이 있다. 주기적으로 선거를 치러 그 방향을 결정하면서 나라의 진로를 정해나가는 것이 민주주의 기본원리 중 하나이다.

이명박 정부도 그 원리에 따라 정당한 선거절차를 거쳐 압도적인 표차로 정권을 잡았으니 자신들의 신념과 가치에 따라 대한민국을 경영할 권한이 있다. 하지만 이 신념과 가치는 환경산업을 육성한다든지, 외교의 지평을 전통적인 정치외교에서 자원외교로 넓힌다든지, 감세정책을 통해 경기부양을 한다든지 하는 정책선택의 문제에 관련된 것이어야 한다. 아이들이 밥을 굶는 문제는 다른 우선순위의 정책 과제가 있으니 다음에 처리하자고 할 수 있는 선택의 문제가 아니다.

어느 정부, 어느 정권이든지 가치와 신념을 떠나 기본적으로 반드시 해야 할 역할과 책임이 있는데 적어도 국민들이 밥 굶지 않고 살게 해주는 것이 제일 첫 번째이다. 대한민국 헌법 제10조는 "모든 국민은 인간으로서의 존엄과 가치를 가지며, 행복을 추구할 권리를 가진다"고 했다. 인간으로의 존엄과 가치를 누리고 행복을 추구하기 위해서는 적어도 밥은 굶지 말아야 한다. 밥을 굶으며 동물적 생존조건도 해결하지 못하면서 인간적 존엄과 가치를 추구할 수는 없는 노릇이다.

밥 굶는 학생에게 교실에서 인간의 존엄성과 숭고함

을 설명해봤자 말짱 도루묵이다. 사회적 동물로서 같이 살아가야할 인간의 도리와 가치를 가르쳐봤자 배가 고파서 졸거나 말도 안 되는 헛소리라고 반발심만 가지게 될 것이다.

밥도 먹지 못하면서 이 사회로부터 관심과 배려를 받지 못했다고 느끼며 자라난 아이들이 과연 이 사회를 위해 나중에 무엇을 얼만큼 돌려주며 살아갈 수 있을까? 타인으로부터 관심과 사랑을 받아보지 못한 사람이 타인에게 관심과 사랑을 쏟아줄 수 있을까? 사회로부터 정책적으로 따뜻한 배려를 받아보지 못한 사람이 나중에 커서 건강한 사회를 구현하기 위해 자기 돈 아까워하지 않으면서 세금과 기부금을 낼 수 있을까?

지금 어려운 아이들을 도와주지 않는 것은 현재뿐만 아니라 미래 한국사회의 구성원 사이의 연대의 고리도 끊는 행위이다. 사회 불만세력을 양산하고 어둠에서 신음하는 이들을 방치함으로써 사회갈등과 긴장을 촉발시킬 뿐이다. 마치 다이너마이트에 십 년, 이십 년짜리 긴 심지를 연결해놓고 거기에 불을 댕기는 행위나 마찬가지이다.

이렇게 불이 서서히 댕겨지고 있는 데도 사람들은 그저 바라만 보고 있는 모습이다. 문제가 뭔지 몰라서 우왕좌왕하는 건 아니다. 문제가 뭔지는 알겠는데 도대체 누구도 나서서 심지에 붙은 불을 밟아 끄려고 하지 않는다. 심지를 잘라

버리려는 구체적 움직임도 눈에 띠지 않는다.

　　　한국 사람들이 원래 이기적이고 나쁜 사람들이라서 어쩔 수 없다고 답할 수는 없을 것 같다. 나도 한국인이기에 그 나쁜 사람들 중의 일원으로 낙인찍히고 싶지도 않거니와 가끔씩 한국 사회에서 보이는 연대와 상부상조의 열풍을 보면 한국 사람들을 나쁜 사람들이라고 딱히 말할 수도 없다.

　　　태안 앞바다에 유조선 충돌로 기름띠가 몰려들자 해외언론이 신기하다고 보도할 정도로 길고 긴 인간띠를 이어 자원봉사를 마다하지 않던 국민이 한국인이다. IMF 외환위기가 닥치자 금모으기 운동으로 나라의 경제 위기 극복에 너나 할 것 없이 힘을 모으던 국민이 한국인이다. 조류독감으로 닭 사육농가와 닭집들이 끝 모를 어려움을 겪는다고 하자 용감하게 닭 사먹기 운동을 벌이기도 하는 국민이 한국인이다. 재해방송이나 불우이웃돕기 방송을 보면 사람들의 손길이 모여 텔레비전 화면 상단의 성금 모금액이 현기증 나도록 쭉쭉 올라가는 것을 볼 수도 있다.

　　　하지만 한편으로 IMF 금모으기 운동을 할 때 부자들의 금괴 덩어리가 들어왔다는 이야기를 들어볼 수 없는 사회가 대한민국 사회이다. 태풍이나 수해로 온 국민이 시름에 잠겨 있을 때 골프를 치다가 물의를 일으킨 사회지도층 인사들이 계속 나오는 나라가 대한민국이다. 물론 '금모으기 운동' 도 자기금 내다가 팔아서 자기도 현금 챙기고 나라 살림에도 보태는 일이었다. 그러니 자기 금덩어리 팔 마음이 없으면 안 팔면 그만이고, 골프를 안친다고 해서 무슨 재해지역에 직접 도움을 줄 수 있는 것도 아니니 예정된 골프티를 그대로 쳐도 상관은 없다. 그러나 많은 사람들은 이에 분노한다. 바로 인간적 상식에 맞지 않는 행동들이기 때문이다.

남은 어려움을 겪고 공동체가 곤경에 빠져 있어도 자기의 재산과 권리를 챙기고 그 즐거움만 누리려고 하는 행동을 사람들은 쉽게 납득하지 못한다. 하지만 그런 행동을 하는 사람들이 엄연히 사회지도층이란 이름으로 행세할 수 있는 나라가 이 나라이다. 그런 동시에 이 나라의 다수 국민들은 이런 사회지도층 인사들을 욕하면서도 자기도 이런 레벨에 속하기 위해 노력한다. 자기가 안 되면 자기 자식들만이라도 반드시 사회지도층으로 키워내고 말리라는 욕망을 품고 산다. 이런 이중성을 바탕으로 "억울하면 출세하라"는 말이 상식처럼 통할 수 있는 사회가 바로 우리 사회이기도 하다.

하지만 억울해서 출세하려고 몸부림을 치다가 잘 되면 용이 되고 못 되면 상처받은 이무기로 끝나는 게 우리 사회의 구조이다. 개천에서라도 자질과 능력만 갖추고 있으면 용이 될 수 있는 안정적인 구조를 가진 것이 아니라 잘 되면 대박이고 안 되면 쪽박인 복불복 구조의 사회이다. 먼저 하늘로 올라

간 용들이 계속 사다리 줄을 내려주고 개천에서라도 헤엄을 잘 치고 힘 있어 보이는 이무기가 있다면 물살을 거슬러 올라오게 물길을 터주면 일은 쉽게 해결된다. 하지만 먼저 용이 된 개천의 이무기들은 개구리가 올챙이 시절을 잊듯 이 일을 나서서 하지 않는다. 더군다나 오늘날 각계각층의 사람들이 빈부격차와 교육격차가 대물림되면 재앙적인 결과가 초래될 것이라고 진단하는데도 개천에서 난 용들의 큰 움직임은 보이지 않는다. 용의 발톱으로 점점 타들어가는 미래사회의 긴장과 갈등이라는 다이너마이트의 심지를 끊어버려야 할 텐데도 말이다. 오히려 용들이 불을 뿜어 대서 다이너마이트가 내일이라도 터지게 하지 않을까 걱정이 될 지경이다. 왜 용들은 용가리처럼 변한 것일까? 우리 현대사를 더듬어보면 그 답이 보인다.

억울하면 출세해라,
왕조의 몰락과 식민지배

19세기에 이미 프리드리히 리스트라는 경제학자가 사회적으로 정상에 다다른 사람들이 하층에 있는 사람들이 뒤따라 올라올 수 없도록 사다리를 치워버리는 일은 흔히 쓰이는 '영리한' 방책 중의 하나라고 경고한 바 있다. 말하자면 견고한 성곽의 정상에 올라 주류 기득권 세력이 된 자들은 젖과 꿀이 흐르는 성 이편으로 성 저편에 있는 사람들이 넘어오지 못하도록 사다리를 아예 치워버릴 수도 있다는 뜻이다. 그렇게 함으로써 성 정상에 오른 사람들은 성 이편에 있는 젖과 꿀을 독점할 수 있다.

이런 경향은 어느 사회, 어느 시대에서나 나타난다. 누군들 자신의 기득권을 쉽게 나누어주고 싶겠는가. 그러나 권력과 경제력, 사회적 지위 등에 대한 독과점이 심해져서 그 폐해가 나타날 때면 다양한 방법으로 균형점을 묘하게 찾아가며 발전해 온 것이 인류의 역사발전 과정이기도 하다. 완벽하게 평등 사회를 구현하지는 못하더라도 못 가진 자들도 납득할만한 수준으로 제도를 고치고, 복지를 발전시키고, 경쟁구조를 변화시켜 성공의 기회를 다양한 사람들에게 열어주는 식으로 서구 자본주의와 민주주의는 발전해왔다.

하지만 한국의 근현대사는 그런 균형점을 능동적으로 찾아가며 발전해온 역사는 아니었다. 조선 왕조는 일본 제국주의 강압에 의해 문을 닫았고, 일제는 2차 대전에 패해 황급히 한반도를 떠났다. 그 빈 공간에서 우리 민족은 완전한 주인 노릇을 못하고 다시 미국과 소련의 개입으로 남북으로 갈릴 수밖에 없었다. 남북 분단은 한국전쟁이라는 참화로 이어졌고 민족 구성원들이 자율적이고 능동적으로 국가와 사회를 구성해가며 역사발전의 주체로 설 공간은 대단히 협소했다.

외세에 의한 왕조의 붕괴와 이어지는 식민통치 그리고 민족분단의 격변하는 틈바구니 속에서 모두가 정당성을 부여하고 자랑스러워할만한 통일된 국가공동체를 갖는 일은 매우 난망한 바램이 되어버렸다. 그 속에서 사람들이 믿을 건 자기 자신밖에 없고 기댈 언덕도 자기 핏줄, 자기 가족밖에 없다는 생각을 가지게 되는 건 자연스러운 일이다. 신주단지처럼 모시던 왕조와 양반들의 권위가 무너지는 마당에 독립운동에 나설 만큼 우직한 사람 아니고서는 그 권위를 계속 존중하고 따르기 힘들었을 것이다. 당시 사회의 지배층이던 양반가 출신들은 가문의 몰락을 막고 자신들의 기득권을 지키기 위해 많은 수가 일제의 지배를 묵인하거나 방조하며 따랐다. 만주로 이사를 가서 독립운동을 지원하거나 가문의 몰락을 겪으면서도 끝까지 저항했던 양반가 이야기는 역사 교과서에 실릴 만한 일이었다.

일본에 자제들을 유학 보내고 신문물을 익혀 새로운 지배 엘리트로 변신하는 게 기득권층이 살아남는 길이었다. 일제가 패망하고 미군 세력이 들어온 이후에는 영어를 익히고 미군정에 협력하는 게 그들이 살아남는 길이었다. 19세기 말부터 미국인 선교사들이 세운 학당들의 전통이 남아있어 양반가 출신의 기득권층이 영어를 익힐 수 있는 통로는 남아있었다. 때마침 미국에서 활동을 하다 돌아온 이승만 박사가 미군정을 업고 권좌의 중심에 섰다. 그러자 친일 경력이 있는 관료와 경찰들도 다시 세상에 나왔다. 국내에 권력기반이 없던 이승만 박사는 정부를 새로 꾸리는데 행정경험이 있는 친일관료와 경찰을 등용할 수밖에 없었다. 기득권 세력의 거대한 뿌리는 청산되지 않았다.

억울하면 출세해라, 정부 수립과 고착된 기회주의

정부수립 직후 공산주의 세력과의 전쟁을 거치면서 반공주의 지배 이데올로기는 더욱 공고해졌다. 여기에 편승해 독립 운동가들을 탄압하던 몰역사적인 기회주의 세력은 자신들에게 동조하지 않는 이들을 빨갱이로 몰아세워가며 마녀사냥했다. 실제로 독립운동 세력 중에는 사회주의자들과 공산주의자, 무정부주의자도 섞여 있었다. 제 발 저리던 친일파 출신 기회주의 세력은 한국전쟁을 기점으로 반공을 명분삼아 독립운동계열 출신 반대파를 제거해나갔다. 이념 자체가 중요한 상황이 아니었다. 반대파벌을 숙청하기 위한 도구로 이념은 이미 전락해 있었다. 독립운동을 했던 집안은 민족과 나라를 위해 개인의 영달을 포기하고 온 힘을 다했건만 돌아오는 건 모진 탄압과 가난뿐인 세월을 맞게 되었다.

이런 역사적 상황에서 허울뿐인 나라와 민족을 위해

숭고한 뜻을 가지고 일한다는 건 집안 말아먹는 부질없는 짓거리였다. 어제는 일어를 하던 놈이 오늘은 영어를 해가며 승승장구하는 뼈대 없고 계통 없는 세상에서 사람들이 믿고 기댈 수 있는 곳은 자기 자신이나 가족밖에는 없었다.

더군다나 한국 현대사에서 최고 권력에 이른 사람들은 거의 대부분 개천에서 난 용 스타일들이었지만 기회주의적인 경로를 밟아 개천을 탈출한 부류들이 많았다. 그러니 이를 바라보는 사람들 뇌리에도 어떻게 해서든 개인의 출세와 욕망을 실현하면 된다는 식의 사고방식이 독버섯처럼 번질 수 있었다. 조선이름 버리고 일본 육군 장교로 살았던 사람도 대통령이 될 수 있었다. 그는 일본군 장교로 만주에서 독립군을 색출하는 일을 했다. 그러다가도 해방 후에 다시 한국군 장교로 옷을 갈아입고 살아남았다. 한때 사회주의에 빠졌던 경력 때문에 조사를 받자 관련자들 이름 팔고 살아남아 장군까지 되었다. 그리고 4.19 혁명이 나서 민주정부가 들어선 후에는 혼란을 틈타 군사쿠데타를 일으켜 대통령 자리에까지 올랐다. 이런 일이 가능했던 세상이니 말이 필요 없다.

그렇게 대통령이 된 사람 밑에는 이런 인물도 있었다. 그 인물은 가난한 농가에서 태어났지만 타고난 체력과 친화력으로 그 대통령 밑에서 총애를 받으며 장군이 되었다. 그는 자신이 따르던 대통령이 갑자기 측근의 총을 맞고 죽어 권력 공백기가 생기자 쿠데타를 일으켜 스스로 대통령이 되었다. 그리고 같이 쿠데타를 일으켰던 또 다른 장군 친구는 다음 대통령이 되었다. 그는 다시 오랫동안 민주화 운동을 했던 정치인을 꾀어 합당을 했고 그 정치인은 다음 대통령이 되었다. 민주화 운동 출신 인사가 대통령이 되어 새 세상이 왔다고 평가할 수도 있었다. 하지만 형식적으로 그럴 뿐 정치학자들의 표현대로 그 정권은 '구정권과의 고도의 연장선상'에 있을 뿐이었다.

억울하면 출세해라, 뿌리 깊은 기득권과 막힌 공로公路

다음 대통령은 섬마을에서 태어나 평생을 민주화 투쟁을 하다 죽을 고비를 수차례 넘긴 인물이었다. 구정권과의 고도의 연장선상에 있던 정파와는 반대편에 서있던 정파를 이끌고 있었다. 하지만 거대한 기득권의 뿌리가 내려있는 이 땅에서 혼자 집권을 하기에는 힘에 부쳤다. 일본 장교 출신 대통령의 조카사위인 현직 정치인과 연합을 해서 새 정권을 탄생시켰다. 그리고 그 조카사위 출신 정치인은 총리가 됐다. 자기 처삼촌이 대통령을 하던 시절 이미 총리를 지냈으니 평생 두 번 국무총리를 한 셈이다. 당시 대통령이 된 인물이 수평적 정권교체와 민주주의 발전을 위해 내린 정치적 선택이었지만 그럴 수밖에 없었던 시대적 조건이 씁쓸함을 남겼다. 뿌리 깊은 나무는 바람에 아니 흔들린다고 했지만 도대체 가늠할 수 없는 이 기득권의 거대한 뿌리는 시대를 초월해 그 생명력을 유지했다.

그런데 다음 대통령은 어디서 듣도 보도 못한 사람이 됐다. 말 그대로 개천에서 난 용이었다. 빈농의 아들로 태어나 대학도 못 나온 주제에 대통령까지 됐다. 그런데 그게 그의 죄라면 죄였다. 현직 대통령으로 재임하던 시절에도 거대한 기득권 중심의 사회에서 "나 혼자만 돛단배처럼 둥둥 떠있는 거 아니냐"며 탄식을 했을 정도였다. 특권과 반칙을 용납하지 않고 상식이 지켜지는 사람 사는 세상을 만들자는 그의 주장은 그 누가 뭐라 해도 맞는 것이었다. 그러나 돛단배처럼 떠있는 대통령이 할 수 있는 일은 많지 않았다.

현실에서 실패한 대통령으로 평가되던 그는 대통령에서 물러난 지 일 년이 조금 지나 표적수사니, 정치보복이니 하는 논란 속에서 자신에 대한 뇌물수수혐의 수사가 진행되자 고향 마을 절벽에서 몸을 던져 생을 마감했다. 이를 보고 어느 대학교수는 그가 마지막으로 몸을 던져 부딪친 암벽은 견고한 성곽과도 같은 주류 기득권층의 벽이었다고 비유했다. 그리고 그 대통령의 국민장 영결식이 있던 날 대법원은 우리나라 최고 재벌 삼성가의 편법 상속 혐의에 대해 무죄판결을 내렸다. 경제 기득권 세력이 그 뿌리를 한층 더 내릴 수 있도록 한 이 판결은 국민장의 슬픔 속에 조용히 묻어갈 수 있었다.

잘못된 세상을 바로잡겠다고 평생 애쓰던 정치인은 '바보'라는 애칭을 얻으며 사라져가고, 재벌은 한 자릿수의 지분율로 거대 기업을 통째로 물려주면서 대를 이어 부와 영향력을 유지해나갈 수 있는 사회에서 우리는 살고 있다.

거대한 기득권층이 지배하고 있는 이런 세상에서는 이에 대해 이의를 제기하거나 문제가 있다고 말하는 자유도 얻기 힘들다. 그 '바보' 대통령의 후임자도 역시 개천에서 난 용 스타일의 대통령인데 재벌 기업의 경영인으로 성공하며 살아왔기에 그 뿌리가 기득권층에 깊이 닿아있다. 출신만 끼니조차 잇기 어려운 시골 소년이었지 그 아픔을 간직하며 나눔과 공존의 철학을 국정기조에 전면 반영하고 있다고 보기는 어려운 정치를 하고 있다. 그래서 이에 대해 국민들은 할 말이 많고 광장에 모여 말을 하고자 한다. 그런데 국민들에게 돌아오는 것은 숨이 탁 막히는 '명박산성'과 단숨에 물에 빠진 생쥐 꼴로 만들어주는 물대포뿐이다.

공적인 의사소통의 통로가 막히면 국민들은 판을 뒤엎는 혁명을 감행하거나 집에 가서 무기력함을 한탄하며 사적인 활로를 모색할 수밖에 없다. 과거에 4.19 혁명이나, 5.18 광주민주화운동, 6.10민주항쟁 같은 혁명적인 시도들은 소통이 막히자 국민들이 들고 일어난 역사적 사건들이었다. 하지만 그 시도들은 일부분은 성공하고 일부분은 실패한 미완의 혁명으로 그치고 말았다.

4.19혁명은 5.16 군사쿠데타로, 5.18 광주민주화운동은 5공화국 정권의 출범으로, 6.10민주항쟁은 양김의 분열과 수평적 정권교체의 실패로 빛이 바랬다. 정치발전은 더뎠고 국민들은 각자의 이해관계를 대변해 줄 제도적 정당도 확보하지 못했다. 그저 지역주의와 인물 중심의 정당에 만족해야했다. 일터에서 이익을 대변해줄 노조의 경우도 1987년 노동자 대투쟁 이후 그 결성률이 매우 높아졌지만 대개 정규직 중심이었다. 그래서 외환위기 이후 빠르게 양산된 비정규직의 이익을 대변해주지 못하고 있다. 회사나 공장에서 잘리거나 일용직으로 힘들게 일하다가 부당한 대우를 받아도 찾아가 하소연할 공적인 문제해결의 통로가 충분치 않다. 민주노동당이나 진보신당이 원내에 의석을 확보했지만 소수파의 한계를 절감하며 운신의 폭은 매우 제한적이다. 힘없는 사람들은 노조도, 정당도, 국회도, 정부도 마땅히 찾아가지 못한다. 찾아가도 이런 저런 절차를 밟아야 하고 쉽게 엄두가 나는 일이 아니다. 당장 먹고 살아야 하는데 그런 절차 밟고 민주투사 되어봤자 시간만 버리고 별로 득 될 일도 없다.

그러다보면 자연스레 가족이나 친구 같은 사적인 관계망을 통해서 위안을 받거나 새로운 길을 찾게 된다. 2009년 2월에 발표된 국가지속가능성 의식조사에서 우리나라의 고등학생과 대학생은 가족과 친구집단은 신뢰하지만 가족90%, 친구78% 신뢰 공적인 사회집단은 믿지 못한다는 결과 정치인2.5%, 기업8.2%, 시민단체 19.7%만 신뢰가 나왔다 경향신문 2009년 2월 6일. 민주화 이후 나름대로 투명성과 공공성이 강조되는 사회에서 자라난 젊은 세대도 이러한데 그 윗세대가 가지는 사적 집단에 대한 의존도는 특별히 더 언급하지 않아도 될 듯하다.

      말하자면 공장에서 잘린 아버지는 소주 한 병과 순대를 사들고 집에 들어와 저녁 일찍 잠든 어린 자식의 머리맡에서 "넌 꼭 좋은 대학 가서 고시패스하고 돈 많이 벌고 힘 있는 사람 되어라. 이 에비처럼 살지는 말라"고 기원하며 소주를 털어 넣는 게 할 수 있는 일의 거의 전부일 수도 있다. 공적인 통로가 막히니 사적인 통로로 자식교육이라도 제대로 시켜서 세대를 넘어 한풀이 식으로 자식을 출세시키고자 하는 욕망이 아니 생길 수 없다. 그러나 이런 욕망도 쉽게 이루어지기는 어려운 게 요즘 '개천에서 용 나지 않는 시대'의 풍경이다.

**개천에서 용 되려면
무조건 "중앙으로!"**

　　1990년대에 〈젊은이의 양지〉라는 드라마가 히트를 한 적 있었다. '욘사마' 배용준이 신인 시절 주조연급으로 출연했던 드라마다. 주인공은 탤런트 이종원 씨가 맡았다. 이종원은 강원도 탄광촌 출신의 수재이다. 어렵사리 공부를 해서 서울의 최고 명문대에 합격했다. 그러나 주인공은 자신이 강원도 시골 출신에, 어머니는 배운 것 없는 동네 다방 아줌마라는 신분과 처지를 늘 못 마땅해했다. 그러던 중 같은 과 친구인 부잣집 아들 배용준을 알게 됐다. 부자 친구를 사귀는 게 신분상승의 중요한 밑거름이 될 것이라고 판단한 주인공은 배용준에게 접근하기 위해 그가 좋아하는 영화공부를 한다. 영화 동아리를 찾아가 영화에 관심 있는 신입생인 척하고 고다르 감독과 프랑스 영화에 대해 선배에게 특별과외를 받는다. 그리고는 같은과 친구 배용준에게 다가가 영화 이야기를 넌지시 건넨다.

친구 배용준은 영화감독이 꿈이지만 기업을 하는 아버지의 강력한 권유로 마지못해 상대에 진학해 세월아, 네월아 하며 시간을 보내던 낭만청년이었다. 영화와 예술 따위는 알지도 못하고 돈 이야기나 하는 상대 친구들과 어울리지 못하던 배용준에게 그럴싸하게 고다르 감독과 프랑스 영화 이야기를 하는 이종원은 완전 소중한 친구가 된다. 그렇게 배용준에게 접근한 이종원은 강원도 탄광촌에서 오매불망 자신을 기다리던 첫사랑 하희라를 버리고 기업오너의 아들 배용준의 여동생을 택해 출세의 길을 걸어간다.

전형적으로 한국식의 야망과 사랑을 그린 드라마였다. 이런 종류의 드라마는 세월이 지나도 등장인물과 스토리 전개양상만 조금씩 바꾸어가며 꾸준히 인기를 유지한다. 시청자들은 또 그렇고 그런 이야기라고 식상해 하는듯하면서도 인기작가와 배우, 감독이 적당히 얼버무려지면 브라운관 앞에 속속 모여든다. 바로 이런 종류의 이야기들이 한국인의 욕망을 그대로 반영해서 대신 이루어주기 때문이다.

드라마는 현실을 있는 그대로 반영해서는 절대 인기를 끌지 못한다. 드라마는 사람들의 욕망을 반영해야 한다. 현실에서 이루어지지 않는 욕망을 브라운관에서 이루어 주어야 한다. 〈젊은이의 양지〉에서 이종원이 강원도 탄광촌을 벗어나지 못하고 고향에 머물며 광부가 되었다가 폐광정책 때문에 식당이나 민박집으로 생업을 전환해서 어렸을 적부터의 첫사랑 하희라와 애 낳고 알콩달콩 살아가더라는 이야기로 드라마를 꾸몄다고 치자. 아마 기획단계에서부터 담당PD는 국장에게 "너 방송국 뒷문으로 들어왔어! 지금 인간극장 만드냐!"는 핀잔부터 들을 것이다. 뻔한 현실의 이야기를 드라마로 만들어서 무엇 하리라는 꾸중부터 감수해야 한다. 드라마 스토리보다도 뻔한 건 오히려 우리네 살아가는 현실이기에 드라마는 그 현실을 뛰어넘는 사람들 욕망의 대리만족에 집중해야 한다.

사실 현실은 '개천에서 용 나던' 예전에도 〈젊은이의 양지〉 주인공처럼 강원도 탄광촌에서 태어나 손꼽히는 명문대에 들어가는 일이 그렇게 흔한 일은 아니었다. 설사 명문대에 들어갔다 치더라도 드라마와 같이 기업오너의 딸을 만나지 않는 이상 대학을 졸업하고 기업에 취직해서 잘해야 임원 정도 하고 인생 그치는 게 대부분이었다.

지금이야 더 말할 것도 없다. 강원도에 있는 산골소년이 언제 원어민 영어강사를 만날 것인가? 공부하라고 독려하고 실질적인 정보와 컨설팅으로 뒷받침해주는 부모가 없는데 세상이 어찌 돌아가는 줄 알 것인가? 인터넷으로 수능강의 교육방송을 서울에서 아무리 쏴주어도 왜 공부를 해야 하는지를 깨닫지 못하고 살아가는데 누가 재미없게 교육방송을 보고

앉아있겠는가? 물론 그 와중에 특출난 아이들이 분명 있긴 있을 것이다. 그런데 영리한 아이를 더욱 똑똑하게 키워나가는 문제는 다른 차원의 일이다.

타고난 머리가 뛰어나 암기력이나 계산력이 뛰어나고 눈치가 빠른 영리한 사람은 얼마든지 있다. 그러나 이런 능력을 계발하고 다듬어서 전인적인 인성과 통찰력을 가진 똑똑한 인재로 키워나가는 건 교육의 몫이다. 그 교육의 혜택이 서울과 대도시를 중심으로 한 중앙에 매우 집중되어 있는 게 지금의 현실이다. 그리고 거의 모두가 그 중앙에 진입하기 위해 모든 걸 걸고 일전을 불사하겠다는 각오이다. 자식이 공부 좀 한다 싶으면 지방에서라도 방학 때마다 서울 대치동 학원가로 유학을 보낸다. 매년 겨울마다 각 대학별고사가 시작될 무렵에는 서울의 유명 학원가 오피스텔 임대료가 들썩일 정도로 사람들이 몰려든다.

"사람은 서울로 보내고, 말은 제주도로 보내라"는 말이 있을 정도로 이런 중앙집중현상은 한국인들이 오래 보아온 풍경이다. 〈젊은이의 양지〉 같은 드라마를 만들 때도 주인공이 집근처의 강원대에 가서 지역현실을 반영한 문제해결 방안을 찾는다는 설정은 이루어질 수 없다. 만약 강원도 지역사회의 문제를 해결한다는 의지를 가지고 있다고 해도 일단 서울의 명문대에 들어가 중앙에 인적 네트워크를 만들어야 한다.

고시를 패스한다거나 해서 신분과 계급을 전환해야 한다. 이후 서울에서 일정한 사회적 성공을 거둔 후 강원도 고향에 어린 시절 홀쭉했던 얼굴이 아닌 개기름이 흐르는 번들번들한 얼굴로 돌아와 국회의원, 도지사, 군수, 도의원에 출마해 지역 발전의 뜻을 펼쳐야 하는 게 일반적이다.

순수하게 지방에서 농촌운동을 하고 지역주민들의 민심을 얻어 선출직 공직을 맡는다고 해도 중앙권력에 커넥션이 없는 이상 예산배정이나 개발사업 지원을 확보하는 데 어려움이 있을 수밖에 없다. 유권자들은 대번에 "서울에 친구도 없고, 빽도 없는 게" 도의원이 되고, 군수가 되어가지고 동네 살림 다 말아먹었다고 욕을 할 가능성이 농후하다. 실제로 별다른 중앙인맥이 없는 작은 농촌 도시의 시장이나 군수들은 과천 정부중앙청사에 와서도 4급 서기관 얼굴 보기도 힘들다. 그래서 '중앙으로, 중앙으로', 특히 '서울로, 서울로' 모든 사람들의 눈길은 향한다. 그리고 그 첫 관문은 대학입시다.

대학입시는 계급투쟁

대학입시에서는 단연 서울대 입학이 사실상 핵심목표이다. 그게 안 되면 연·고대를 가야하고, 그마저도 안 되면 서울 안에 있는 이름 있는 대학이라도 가야한다. 지방에서는 이를 목표로 공부해서 서울로 올라오려고 하고, 서울에 사는 아이들은 서울 밖으로 밀려나지 않으려고 기를 쓰며 공부를 한다.

대입 논술 강사를 하던 시절에 고3 학생들과 입시상담을 할 때면 늘 묻던 질문이 있었다.

"넌 어느 정도 대학을 가면 거기 다닌다고 네 입으로 말할 수 있을 것 같아?"

이 물음에 답한 수 백 명의 학생들 중 지방대를 이야기한 학생은 단 한 명도 없었다. 물론 카이스트나 사관학교를 답한 특수한 경우는 제외한 결과이다. 학생들이 이런 답을 하는데 뭐라고 할 수는 없는 노릇이다. 젊은 학생들이 다양성이 부족하다, 새로운 길을 개척하고자 하는 의지가 없다, 는 식의 소리는 하나마나다. 현실은 각박하다.

　　　　　이 정도로 각박한 이유는 바로 중앙권력으로 향하는 첫 관문인 대학입시가 한국 사회에서는 곧 계급투쟁이기 때문이다. 계급투쟁 하면 전통적인 혁명이론을 떠올리고 폭력과 파업, 시위를 연상하기 쉽다. 하지만 한국사회를 살아가며 자식을 가졌거나, 대학입시를 치러본 사람이라면 누구나 눈에 보이지는 않는 계급투쟁을 겪는다. 있는 집안에서는 있는 권력과 부를 그대로 계승하고 유지하기 위해서, 없는 집안에서는 신분을 바꾸고 '개천에서 용 났다'는 이야기를 들으며 어깨에 힘 좀 넣고 살고 싶어서 계급투쟁의 장으로 들어선다.

　　　　　내 외삼촌 얘기를 해보자. 내 외삼촌은 한때 업계에서 꽤 실력을 인정받던 애니메이터였다. 그분이 20대이던 1960년대에는 만화책이 불온서적 취급을 받고, 활동그림인 애니메이션에 대한 개념도 제대로 잡혀있지 않던 때였다. 그런 때에 내 외삼촌은 당시 유명 만화가의 문하생으로 들어가 그림을 배우고 미국 애니메이션 필름을 수작업으로 완성시키며 점차 그 실력을 인정받아갔다. 1980년대에 외삼촌 집에 가면 미국산 치즈와 육포, 크래커가 넘쳐났다. 당시 지하실 셋방에 살던 나에게는 천국과도 같은 곳이었다. 삼촌의 작업실에 가끔씩 놀러 가면 유명한 디즈니 만화 캐릭터가 걸려있었다. 생각하는 대로 그림을 그려 꿈을 눈앞의 영상으로 펼쳐 보이는 그 일이 그렇게 위대해 보일 수 없었다. 삼촌은 마이카 시대가 열리기 이전에 승용차를 뽑았고 운전기사까지 두고 살 정도였다.

하지만 독립을 해서 애니메이션과 문화 사업을 좀 해보려고 했는데 좀처럼 풀리는 일이 없었다. 급기야 병든 남편을 두고 혼자 장사하며 생계를 꾸리는 우리 어머니에게까지 신세를 져야하는 일도 생겼다. 그러던 어느 날 나는 시사만평으로 유명한 박 모 화백이 애니메이션에 진출한다는 잡지 기사를 읽게 되었다. 그 박 모 화백은 삼촌과 같은 업계에 있고 연배도 비슷하다보니 이미 삼촌과는 잘 아는 사이었다. 그 기사 이야기를 삼촌에게 했더니 한 말씀 하셨다.

"이 친구가 이렇게 잡지에도 나오고 사업도 벌일 수 있는데 삼촌은 아직 잘 안 풀리는 이유가 뭔지 아니? 이 친구는 서울대 미대를 나왔고 난 대학을 못 나왔기 때문이야"

실력만으로 이 사회를 살아가며 인정받는다는 건 참으로 어려운 일임을 깨달았다. 그때 대학입시를 본격적으로 준비하기 시작하던 고등학교 1학년생인 나는 더욱 더 '계급투쟁'의 전의를 불사르게 되었다. 친가와 외가를 통틀어 어른들 중에 대학을 나온 사람이 하나도 없는 집안에서 서울대 혹은 서울 시내의 유명대학을 간다는 일은 계급투쟁에 있어서 중요한 전초기지를 하나 마련하는 아주 중요한 일이었다.

내가 이런 전의를 불태우며 고3이 될 때에 나의 외삼촌은 미술에 재능을 보이던 당신의 딸을 예고에 보냈다. 나보다 두 살이 어린 여동생이었는데 사업이 어려운 형편에도 기숙형 미술학원에 등록시켜 미대입시 과외지도도 받게 했다. 결국에 내 외사촌 여동생은 예술계에 유력인사를 많이 배출한 한 유명대학의 미대에 진학했다. 아버지가 진입하지 못한 사회적 관계의 그물망에 내 여동생은 진입하여 일단 계급투쟁의 초전에서 작은 승리를 거둔 것이다. 그러나 그 승리가 어디까지, 어떻게 이어질지는 아무도 모른다. 개천을 거슬러 올라가는 일이 혼자만의 힘으로는 어림도 없는 세상이 되어가고 있기 때문이다.

그렇지만 일단 우리 가족들은 대학입시라는 계급투쟁에서 내 외사촌 여동생이 거둔 작은 승리를 열렬히 자축했다. 이런 자축을 위해 오늘도 많은 학생과 학부모들이 열심히 뛰고 있다.

가 족
이기주의

대학입시라는 이 시대의 계급투쟁 최전선에서 싸우고 있는 이들이 어린 학생들이라면 그 뒤에서 병참기지사령관 역할을 하며 같이 싸우고 이들은 엄마들이다. 엄마들은 아이의 보육자일뿐만 아니라, 학습 지도사 및 설계사, 영양사, 운전기사, 진로 상담가 등등의 다양한 역할을 한다. '교실붕괴'가 공공연하게 이야기되고 사회적인 공공신뢰관계가 제대로 구축되지 않은 우리 사회에서 각자의 아이들이 경쟁력을 확보하고 계급투쟁에서 성공해 한 가족의 운명을 보전하는데 엄마들은 명운을 걸고 있다.

그 누구도 믿을 놈 하나도 없는 세상에서 자신과 가족 말고는 어디 기댈 구석이 없다는 본능적인 판단이 이들을 사로잡고 있다.

비단 전업주부 엄마들이 따로 할 일이 없어 아이들에게만 신경을 쓰고 치맛바람을 일으키고 있다고 간단히 평가 절하해서 말할 수 없다. 할 일 없는 엄마들이 괜히 학교에 들락거리면서 학교운영위원회다, 학부모회다 하면서 시간을 죽이는 것일 뿐이라고 말할 수 있는 문제가 아니다. 일하는 엄마들도 관심의 촉수는 아이들의 생활과 진학문제에 상당 부분 맞추어져 있다.

내가 학원 강사를 할 때도 일하는 엄마들의 경우 전화 상담을 할 때면 늘 말하는 래퍼토리가 있었다. 자기가 일을 하느라 "아이에게 제대로 신경도 못 쓰고, 선생님도 제대로 찾아뵙지 못해서 죄송하다"는 얘기다. 그리고 한 번씩 학원에서 학부모 설명회를 할 때면 그 설명회에 참석하지 못한 일하는 엄마들의 경우 거듭 죄송하다며 따로 전화를 해오는 경우도 많았다.

그럴 때면 나는 내가 무슨 인질범인 것처럼 느껴졌다. 나는 학원비를 거두어 수업을 제공하는 사교육 시장의 서비스 제공자였을 뿐이다. 학원수업과 운영방식에 대한 모니터링도 할 겸해서 학부모들에게 전화를 내가 먼저 하는 게 당연하다. 그런데도 나이도 한참 어린 나에게 '선생님'이라고 존칭을 써주며 대우해주는 어머니들 때문에 내가 더 민망했다. 마치 내가 학부모들의 아이를 인질로 잡고 내 이야기를 듣지 않으면 당신 자식은 학교성적도 떨어지고 대학도 못가고 사회적 불구자가 된다고 협박이라도 할까봐 엄마들은 걱정하는 태도였다. 내 입에서 댁의 자녀가 이러이러한 부분이 뛰어나다고 칭찬이라도 나오면 엄마들은 금세 입가에 미소를 지었다. 나한테도 그랬던 엄마들이 학교 선생님들한테는 오죽했겠는가.

학교 선생님의 권위가 무너지고 공교육은 붕괴했다고 언론에서 떠들고 있지만 한번 생각해보자. 한 달에 수십만 원에서 수백만 원씩 들여 사교육을 시키는 이유가 무엇인가. 권위가 무너져가는 학교 선생님들이 내는 시험문제를 한 문제라도 더 맞추자고 하는 짓 아닌가. 무너진 공교육을 담당하는 국가가 출제하는 수능 문제를 한 문제라도 더 맞추어서 좋은 대학 가자는 것 아닌가. 남들이 다 가니 자기 혼자 빠질 수 없어 일 년에 천만 원씩 등록금이 들어도 대학교에 가보려고 그러는 것 아닌가.

교육의 내실만 따진다며 차라리 질 좋은 사교육만 시키거나 조기에 아이 적성을 발견하고 거기에 맞게 유수의 외국대학으로 직접 유학 보내는 게 훨씬 시간 대비 비용 효과가 낫다. 세계100위권에도 못 들면서 순전히 국내 학연과 이름값만으로 등록금 장사를 하는 국내 대학에 보내는 것에 비하면 남는 장사다. 하지만 대책 없이 그런 시도를 했다가는 한국사회를 살아가는 사회적 관계망에 진입하기 쉽지 않고 모두가 선망하는 중앙권력에 들어가기도 여의치 않다.

부모 세대에 이미 중앙권력에 진입해서 탄탄한 부와 인적 네트워크를 갖춘 상태에서 조기유학을 가거나 아예 한국을 떠나 외국에서 평생 살겠다는 마음을 먹은 상태가 아니라면 쉽게 선택할 수 있는 일이 아니다. 그렇기에 울며 겨자 먹기로 낮에는 학교에, 밤에는 사교육에 돈은 돈대로, 시간은 시간대로 들이며 살아가고 있다. 이 엄청난 이중비용은 사회적으로 큰 손실이 아닐 수 없다.

더군다나 이중비용뿐만 아니라 가족이 최우선이고 마지막 보루가 되는 사회, 즉 공적인 연대와 협력이 비중을 차지하지 못하는 사회에서는 그로 인한 비경제적 외부효과도 만만치 않다. 내 자식이 학교 선생님 눈에 들고, 수행평가에서 좋은 점수 받고 성적 잘 챙기려면 엄마가 선생님들과 개인적으로 돈독한 관계를 형성하는 게 매우 큰 도움이 된다. 그러자면 엄마들은 경쟁적으로 학교운영위나 학부모회의 간부를 맡고, 학교모임에 얼굴을 비추려고 애를 쓴다.

사실 사회적 연대와 협력이 우선시되는 사회라면 각 개별 학교의 학부모회나 학운위에 참여하려는 학부모들보다도 학부모단체에서 활동하며 보다 큰 규모로 학부모운동을 하는 학부모들의 수가 거의 비슷하거나 많아야 한다. 그러나 우리나라에서 학교운영위원이나 운영위원장을 해보려는 학부모들은 많아도 학부모단체에 나가 회비 내고, 자기 시간 들여가며 다른 집 자식의 문제까지 같이 고민해주는 학부모는 거의 없다.

늘어나는 사회비용

"내가 운영위원장이 되면, 운영위원이 되면 내 애가 기를 편다. 그게 기본이고요……. '대부분'이 아니고 100% 엄마들이 (만나서) 회의를 해보면 '내 담임하고 내 반', 그 이상도 그 이하도 아니에요. 그러니까 내 아이가 있는 반과 그 반에서의 담임과의 관계, 거기가 딱 끝이에요. 그러니까 가족 중심인 것처럼 사회에 나와서도 내 아이가 속해 있는 가장 작은 동심원, 그거를 사회라고 생각을 해요."

민간 싱크탱크 희망제작소가 '우리시대 희망찾기' 프로젝트의 일환으로 우리 사회 곳곳의 시민들을 인터뷰해서 발행한 《우리는 더 많은 민주주의를 원한다》에 참여한 한 전업주부가 전한 대목이다. 이 주부는 학교운영위 활동을 하면서 학부모들이 학운위에 참여하는 동기가 지극히 사적이라는 사실에 환멸을 느꼈다고 말한다. 학부모위원은 전체 학부모들의 생각을 대변해서 활동해야 하는데 그것보다는 자녀들이 받을 사적인 이익인 '특별한 대우'를 고려해서 학부모위원이라는 공적인 직함을 활용한다는 것이다. 자기 자식 위해서 발 벗고 뛰는 거야 그 누가 말리지 못하지만 공적인 직함을 이용해가면서까지 사적인 이익을 챙기려고 하는 것은 본말이 전도된 현상이다. 이런 본말이 전도된 현상이 심화되면 자기 아이의 이익을 위해 로비를 감행하고 촌지가 오고가는 일이 생긴다. 심심치 않게 불거져 나오는 성적조작과 수상남발에 대한 의혹은 이런 사회 분위기에서 파생되는 외부효과로 인한 불필요한 사회 비용일 뿐이다.

있는 집안의 시간적·경제적 여유가 되는 엄마들은 그나마 이렇게 학교일에 나서서 자신들의 이익을 챙기고 없는 걱정도 사가며 할 수 있다. 있는 사람이 자기 비용 들여가며 자식 위해 노력하는데 무슨 문제냐고 할 수 있겠다. 하지만 자기 자식과 그 담임 정도만을 사회라고 여기고 이외에는 전혀 연대와 협력의 필요성을 느끼지 못하는 국민들이 사는 사회에서는 연대와 협력의 빈 공간을 어떤 식으로든 메우기 위해 또 다른 비용이 들어갈 수밖에 없다.

하다못해 밥 굶는 아이들에게 십시일반으로 급식비를 걷어주면 싸게 해결할 수도 있는 문제를 관심과 배려의 폭을 넓히지 않아 큰 사회문제로 키울 수도 있다. 가령 급식문제를 해결하기 위해 세금을 투입해서 무료급식을 하자는 주장과 '무료'라는 말에 화들짝 놀라며 '무료제공'은 어린 시절부터 도덕적 해이를 불러올 수 있다는 말도 안 되는 주장이 불필요하게 부딪히며 쓸데없는 사회적 논란거리만 양산할 수도 있다. 또 있는 집안 아이들과 그 엄마들이 배부른 걱정하며 자신들의 경쟁력 강화를 위해 뛸 때 없는 집 아이들은 격차가 점점 벌어지는 걸 망연자실 바라만보며 사회적 패배자의 예정된 길로 걸어 들어갈 수밖에 없다. 이 아이들이 자라 사회적 분노를 표출하고 비타협적 사회 불만세력이 된다면 이들을 이끌고 가야할 사회적 비용이 또다시 발생한다. 민주주의의 핵심 운영원리인 소통과 합의가 생활화되지 못하고 양극화된 사회에서 서로를 적대시하는 두 계층만이 존재한다면 끝없는 갈등만이 반복될 소지가 크다. 지금 가족의 울타리를 넘어선 연대와 협력을 발전시키지 못하면 우리가 치러야할 비용들은 산더미처럼 늘어날 것이다.

그럼에도 우리 사회의 가족주의는 오늘도 가족 구성원 중 하나라도 더 중앙권력에 진입시키려고 온갖 노력을 다한다. 그러다보니 고3 학생은 집안에서 왕 노릇을 하는 상전이 되는 진풍경이 벌어진다. 그러나 이게 오래된 상식처럼 되어버린 것이 한국 사회이다.

**인삼이나
산삼보다
귀한 고3**

해군통역장교로 일하던 시절 한 선배로부터 들은 일화다. 한국 제독이 미국 제독과의 만찬 중 이런 농담을 건넸다.

"오늘 테이블에 인삼주가 있는데 한국에서 인삼이나 산삼보다도 더 귀한 게 있습니다. 뭔지 아십니까?"

"……"

"바로 고3입니다, 허허허"

즉각적인 통역은 불가능했고 미국 제독에게 한국의 특수한 입시상황을 부연설명한 후에야 미국 제독은 헛웃음을 지었다고 한다.

미국에서도 워싱턴과 뉴욕의 정치권력과 경제·금융 권력의 중심부로 진입하기 위해서는 아이비리그 대학을 나오고 WASP_{White Anglo Saxon Protestant}라는 백인 주류사회의 일원이어야 한다는 불문율 같은 조건이 있기는 하다. 그러나 연방제 국가의 특성상 우리나라처럼 워싱턴이나 뉴욕의 중앙권력에 전 국민이 목매달고 달려드는 일은 없다. 각자의 고향에서 시장이나 주지사를 하다가 대통령 후보로 출마하는 일도 빈번하다.

실제로 지난 30여 년간 미국 대통령은 각자의 활동지에서 주지사를 하다가 당선된 사람들이 대부분이었다. 지미 카터가 조지아 주지사였고, 레이건이 캘리포니아 주지사, 클린턴이 아칸소 주지사, 아들 부시가 텍사스 주지사 출신이었다. 2008년에 당선된 오바마 대통령은 하버드 대학 로스쿨 출신 연방 상원의원이었지만 미국 사회의 비주류인 흑인에다가 시카고에서 빈민운동부터 시작한 정치인이었다. 백악관과 연방의회가 워싱턴 D.C.에 있을 뿐이지 중앙권력의 발원지는 연방 각 주에 골고루 퍼져있는 상태이다.

대학도 역시 하버드, 예일, 프린스턴, 펜실베니아, 컬럼비아, 코넬, 브라운, 다트머스 대학의 아이비리그가 있기는 하다. 그렇지만 이는 전통적인 동부 명문대학으로써 권위와 명성을 유지하고 있는 것이다. 서부에는 우리가 잘 아는 스탠포드 대학도 있고 이밖에 각 주립대와 개별특성을 가진 대학들이 미국 곳곳에 있다.

서울대나 사람들이 손꼽을 만한 대학이 아니면 대학

축에도 껴주지 않는 우리와는 다른 개념과 삶의 방식이 미국을 지배하고 있다. 그런 곳에서 살아온 미국 제독한테 우리나라의 사정을 설명하고 웃게 만드는 일은 여간 곤혹스럽지 않았을 것이다.

물론 미국에서도 대학수학능력시험 SAT 고득점을 위한 과외가 있고 명문 사립고등학교에서도 치열한 성적경쟁이 펼쳐진다. 홍정욱 의원의 조기 유학기 《7막7장》에도 홍의원이 졸업한 초우트 로즈마리홀 고등학교에서 각성제를 먹어가면서까지 공부를 하는 학생들의 모습이 나온다. 영화 〈죽은 시인의 사회〉에서도 아버지의 반대로 연극배우의 꿈을 펼치지 못하는 한 학생은 공부의 중압감과 의미 없는 자신의 인생에 회의를 느끼고 자살에 이르기도 한다. 그러나 이는 대부분 소수 엘리트층을 배경으로 한 이야기들이다. 모두가 엘리트가 될 수는 없음에도 불구하고 거의 대부분이 그 경쟁에 뛰어들어 오히려 전체적인 경쟁력만 갉아먹고 있는 우리와는 다른 환경의 이야기다.

농담이기는 하지만 우리는 고3이 인삼이나 산삼보다도 비싸고 귀하다고 일컬어지는 사회에 살고 있다. 대학수학능력시험이 치러지는 날이면 대기업과 관공서의 출근시간이 늦춰지고 청취 시험시간에는 항공기 운항도 금지된다. 해군통역장교로 일하던 중 한미연합훈련에 참가했다가 이런 일을 겪기도 했다. 마침 훈련기간 중 대학수능일이 끼어있었는데 그 날 상륙작전 연습을 해야 했다. 특수부대 침투 훈련을 위해 헬리콥터 운항이 필요했는데 대학수학능력시험이 있어서 연습시간을 불가피하게 조정해야 했다. 통역장교였던 나는 미측에 전후사정을 설명하느라 꽤나 애를 썼던 기억이 있다.

설명을 하면서도 나는 일 년에 한 번 있는 그날 시험으로 한 학생의 인생이 거의 결정되다시피 하는 구조와 분위기를 긴박한 군사훈련의 현장에서 말 몇 마디로 전달할 수 있을까하는 의구심이 들었다. 한국에서 태어나고 자라 대학입시를 똑같이 치러본 나도 이해하기 힘들고 동의하기 어려운 구조를 외국인에게 설명하려다보니 말의 설득력도 떨어지고 자신감도 별로 없었다.

무한발전
사 교 육

　　　　　비단 나뿐만 아니라 한국에서 대학입시 경험이 있는 사람이거나 현재 그 뒷바라지를 하고 있는 학부모라면 이 구조와 환경을 이해하고 동의하기는 힘들 것이다. 그리고 모두다 공교육을 강화하고 사교육을 완화시켜 교육을 정상화시키자고 말한다. 다양한 정책연구와 제안이 꼬리를 물고 나온다. 지난 수십 년간 과외교습을 전면 금지하기도 하고, 고교 평준화를 시행하기도 하고, 생활기록부를 세분화해서 내신과 수행평가 등의 비중을 늘리기도 하고, 일선 학교에서의 방과 후 교실을 확대하고, 학원의 심야교습을 금지시키려고 하기도 했다.
　　　　　그 밖에 대학입시를 다양화하고 자율화해서 일률적인 기준에 따라 학생들을 줄 세우기 식으로 선발하지 않겠다는 의지를 정책적으로 반영하기도 했다. '이해찬 세대'로 불리는

1983년생 이후의 학생들이 고등학교에 들어갈 무렵에는 "한 가지만 잘해도 대학 간다"는 말이 유행했다. 수시 선발제도가 도입되고 다양한 특기자 전형이 실시되면서 대학입시 당사자도 따라잡기 힘들 정도로 엄청나게 많은 유형의 대입전형이 등장했다. 누구든지 특별히 사교육을 받지 않고도 자기 적성과 능력에 따라 한두 군데 비집고 들어갈 구석이 생기는 것처럼 보였다. 하지만 사교육은 줄어들지 않았다.

오히려 수시선발에 필요한 자기소개서를 지도하고 심층면접을 준비시켜주는 신종 사교육이 탄생했다. 학교에서는 졸다가 방과 후에는 늦은 밤까지 엄마가 짜준 학원 스케줄을 따라다니느라 '자기'를 찾을 겨를이 없던 학생들이 스스로 자기소개서를 작성하는 일은 매우 어려운 일이었기 때문이었다. 말하자면 '자기'를 찾아 적성까지 발굴해주는 서비스가 생겨난 것이다. 대학별로 수학과 과학 시험 등을 주관식으로 실시하자 수학논술, 과학논술 등의 명목으로 사교육 과목도 팽창했다. 대학과 교육당국의 의도는 객관식 문제풀이에만 능숙한 학생이 아닌 대학에서 자율적 학습 및 연구를 할 준비가 되어 있는 학생들을 뽑으려는 것이었다. 그러나 결과는 '자기 생각'마저도 짜주는 사교육 프로그램의 발전으로 귀결되었다.

또 자정이 넘은 밤늦은 시간에 아파트 단지를 지나다보면 가끔씩 줄넘기나 배드민턴 등을 하는 고등학생들을 볼 수도 있다. 나는 처음에는 애들이 웬 '달밤에 체조'를 하나하고 이상하게 여겼다. 친구들과의 식사자리에서 이 얘기를 했더니 고등학교 교사를 하는 한 친구가 "걔네 다 수행평가 준비하는 거야. 학교, 학원 다 끝나고 준비할 시간이 없으니 그 밤 시간에 연습할 수밖에 없지. 그 점수 잘 받아보겠다고 체대생한테 줄넘기 과외 받는 애들도 있어"라고 그 이유를 알려주었다. 다양한 입시정책은 다양한 사교육을 낳고 있을 뿐이었다.

병목현상

이렇게 무한히 변화 발전하는 사교육을 앞에 두고 공교육을 강화하고자 하는 각종 시책은 번번이 실패했다. 사교육을 잡겠다고 대학입시정책을 다양하게 바꾸어봤자 일선 교육현장과 학부모와 학생들의 혼란만 가중시킬 뿐이었다. 심지어 대학입시에 관한 대통령 선거공약으로는 "아무 것도 안 바꾸겠다"는 게 가장 현실적이고 표를 많이 받을 수 있는 전략이라는 우스개 소리도 나왔다.

정치와 행정은 대학입시의 뒷꽁무니만 쫓으며 제대로 된 역할을 하지 못하고 있는 상태이다. 이명박 대통령은 2009년 6월 일선 교육감들과의 만남에서 "사교육을 잡겠다고 하면 내 딸도 믿지 않는 실정"이라고 말했다. 그러면서 "반드시 사교육을 잡아 서민부담을 줄이겠다"는 취지의 발언을 했다. 같은 자리에 배석한 교육부 장관에게는 "밤 10시 이후 학원 심야교습 단속이 이루어지지 않았다. 학원가의 로비가 세긴 센 모양"이라며 질타했다. 이에 교육부는 긴급 공문을 시달해 학원 심야교습 단속반을 급조하여 단속을 돌았다.

그러나 단속 소식이 미리 알려졌는지 대형학원들은 밤10시 이전에 학생들을 돌려보냈고 작은 학원 몇 군데만 단속망에 걸려들었다. 학원장들은 "기말고사 기간에 학생들이 질문이 있다고 하는데 그냥 돌려보내냐"며 거칠게 항의했다고 언론보도는 전한다.

대학입시가 가장 중요한 계급투쟁의 현장이고 SKY로 일컬어지는 명문대 서열주의가 모든 중앙권력의 원천인 우리 사회에서 이 구조를 개선하지 않는 한 사교육은 절대 근절되지 않는다. 그러나 지금까지의 대책은 주로 이 구조 개선보다는 증상완화에 초점을 두고 있었다. 진보와 보수를 막론하고 서울 사대문 안의 대학을 나온 사람들이 엘리트층을 이루고 있는 상태에서 명문대 서열주의 혹은 순열주의를 깨기는 애시당초 힘들다. 자기가 나온 모교에 칼을 들이대는 개혁에 용감하게 찬성하고 나설 이는 그다지 많지 않다. 그 덕분에 SKY를 중심으로 한 명문대는 지난 십 수년간 꾸준히 정원을 늘리며 팽창정책을 펴왔다. 연세대와 고려대의 경우 2008년 현재 각각 2만여 명연세대 2만4천여명, 고려대 2만여 명이상의 재학생이 학교를 다니고 있다. 서울대의 경우 대학원생까지 합치면 2만 6천여 명이 학교를 다니고 있다. 미국 하버드 대학의 경우 1만 명 안팎의 학생이 재학중이다. 미국 인구가 3억 명 정도인 수준임을 감안하고 하버드 대학에 전 세계의 인재들이 유학 온다는 점도 고려하면 인구 4천8백여만 명에 유학생도 거의 없는 우리나라의 실정에서 명문대 정원이 얼마나 많은 것인지를 쉽게 짐작할 수 있다.

그리고 이렇게 공급을 확대하면 자연스럽게 병목현상이 줄어들어야 할 텐데 지금까지 드러난 현상은 그 반대였다. 명문대의 정원이 늘어나자 오히려 너도나도 그 일원이 될 수 있다는 희망에 더욱 경쟁에 가열차게 뛰어들었다. 자연스럽게 가혹한 입시경쟁과 사교육 확대도 뒤따랐다. 적어도 1990년대 말에 내가 대학에 갈 때까지만 해도 내신 성적 좀 괜찮고 수능 잘 보면 그럭저럭 서울 안의 대학에 갈 수 있었다. 그러나 그 이후에 2000년대에 들어 내가 직접 학원 강사를 하며 지켜본 아이들의 대학입시 풍경은 놀라울 뿐이었다. 내신, 수능, 논술 그 밖의 특기적성 등등 챙기고 준비해야할 게 한 두 개가 아니었다. 그렇다고 이들에게 주어진 시간이 늘어난 것도 아니었다.

정식 교과과정은 고등학교 3년 그대로였다. 고3이 된 아이들의 1년 스케줄은 3월에 개학을 하고 5월과 7월에 1

학기 중간고사와 기말고사를 치르고 10월에 2학기 중간고사를 치른 후 11월에는 대학수능을 봐야 한다. 그리고 그 후에 대학별 논술시험 등의 정기대입 일정을 따라야 한다. 중간에 대학수시전형까지 치러야 할 경우 준비시간은 매우 빠듯하다. 그냥 하루 이틀 뚝딱 해치울 수 있는 문제가 아니다. 수능공부와 내신시험, 수시전형과 정시전형 등을 다 소화하려다보면 초인적인 체력과 학습량, 전문 주식투자와도 같은 입시 컨설턴트의 조력이 반드시 필요하다.

그러다보니 고3이 되기 전에 수능공부는 거의 다 마쳐두어야 하고 고1,2 때부터 원하는 대학과 학과에 맞추어서 필요한 입시사항 등을 준비해두어야 한다. 따라서 선행학습을 해야만 하고 이는 공교육에서 해결해주지 않는 영역이기에 필연적으로 사교육을 찾을 수밖에 없다. 그렇지 않으면 고3때 대학입시의 한 사이클을 돈 후에 문제점을 보완해가며 다시 대학입시 한 사이클을 더 돌 수밖에 없다. 고등학교를 실제로 4년 다니는 생활을 하게 된다. 따라서 명문대에 가기 위해 "재수는 필수, 삼수는 선택"이라는 자조어린 말까지 생겨났다.

패자부활전도 없다

중앙권력이 모든 걸 지배하는 우리 사회에서는 여기에 진입하기 위해 극심한 '병목현상'이 일어난다. 이를 뚫기 위해 '계급투쟁'과도 같은 대학입시에서 승리하는 게 첫 번째이다. 재수, 삼수도 마다하지 않는 게 한국인들의 행동방식이었다. 그나마 요즘에는 '받쳐줄 수 있는 집안' 아이들이나 재수, 삼수도 마음 놓고 할 수 있다. 우선 대학에 들어가 이른바 '반수'를 한다고 해도 등록금 천만 원 시대에 등록금은 등록금대로, 재수비용은 재수비용대로 지출하는 일은 웬만한 가계에서는 감당키 힘들다. 온전히 재수, 삼수만 한다고 해도 의대나 교대에 갈만한 될성부른 떡잎이 아닌 이상 집에서도 계속 돈대주기에는 본전 생각이 안 날 수 없다.

그러다보니 '패자부활전'은 상상조차 하기 힘들다.

어차피 중앙권력에 진입하여 그럴싸한 인생을 살 가능성이 없는 인생은 주변부로 밀려나 표류할 수밖에 없다. 원래 '패자부활전'은 '승자'와 '패자'의 구분을 전제로 한다. 그런데 한국사회는 승자독식주의 사회이다 보니 패자들에게 떡고물이라도 나누어 주기 위한 관용이 허락되지 않는다.

건강한 사회는 사실 승자와 패자의 구분이 모호해야 한다. 다시 말하면 사람들이 저마다의 가치와 목표에 따라 다양한 삶을 살아갈 수 있어야 한다. 다양한 삶의 모습이 다원주의에 입각하여 인정받아야 한다. 누가 인생의 승자이고, 패자이다, 라고 딱 꼬집어 말하기 힘든 사회가 진정한 사람 살 만한 세상이다.

하지만 우리 사회는 대학입시에 실패한 10대 청소년은 일단 '패자'로 분류된다. 이를 당연한 상식으로 여긴다. 그리고 이 '패자'들은 달리 갈 곳도 없다. 내가 1996년 겨울에 대학교 네 군데를 떨어져봐서 안다. 앞이 캄캄했다. 재수 결심을 하는데 한 달 가까이 걸렸다. 재수를 하는 거 외에는 다른 출구가 없었다. 글을 쓰는 사람이 되고 싶었고 대학공부가 크게 도움이 되리라고 생각을 안했다. 그렇지만 갈 길이 없었다. 일단 대학에 가서 생각해보라고 주위에서도 조언했다. 그 후에 글을 짓던, 밥을 짓던 하라는 것이었다.

재수를 하기 위해 서울에서 잘 가르친다는 재수 종

합반 입학시험도 봤다. 그런데 거기서도 떨어졌다. 수학을 잘 못했기 때문이다. 이래저래 될 놈은 되고 안 될 놈은 안 될 막힌 구조였다. 한번 패자가 되면 줄줄이 다음 코스에서도 패자의 길을 걷게 되는구나, 라는 생각을 했다.

이런 '패자'를 한 해 수십만 명씩 양산하는 게 우리 사회이다. 서울의 명문대를 가는 수만 명 정도를 제외하고는 나머지는 대부분 열패감에 빠진 채 20대 청춘을 시작한다. 설혹 명문대에 가도 그 안에서 상위 1만 명안에 들어보겠다고 반수와 재수를 선택하는 이들도 수두룩하다. 먹을 만한 떡과 열매가 한 곳에 모여 있으니 그 근처에 못가는 사람들은 떡고물, 과일껍질도 구경 못한다. 일단 떡과 열매가 한정되어 있고 거기에 이르는 길이 좁기 때문에 패자부활전을 폭넓게 열어 누구에게나 제2, 제3의 기회를 주는 일이 쉽지 않다. 그러다보니 개천에서 차근차근 올라와 상류의 물줄기로 나아갈 어린 물고기들을 보기 힘든 것도 당연한 일이다.

왜 이렇게
까   지

　　　　　예전처럼 개천을 거슬러 올라와 하늘로 훌쩍 뛰어오를 인재들을 구경하기는 점점 힘들어지고 있다. 패자부활전이 없기도 하거니와 전반적으로 개천에서 용 나는 일은 점차 사라져가고 있다. 왜 이렇게 되었을까?

　　　　첫째, 경쟁의 틀이 많이 변했다. 학력고사 시절에도 고액과외가 있기는 했다. 하지만 달달 외우고 익히면 가난한 집 아이라도 좋은 점수를 받을 수 있었다. 그러나 1990년대에 수능과 논술이라는 종합 사고력 측정 방식으로 대입제도가 바뀌었다. 대학별로 다양한 입시전형이 실시되기 시작했다. 이후 정교한 사교육의 컨설팅과 학부모의 정보력이 뒷받침되지 않고 혼자서는 '승자'가 되기 어려워졌다. '마이스펙my spec' 뿐만 아니라 각종 경시대회와 봉사활동 등도 챙겨야하는 '마더스펙

mother's spec' 도 필요한 시대가 열렸기 때문이다.

둘째, 사회경제구조가 변했다. 그동안 우리 사회를 지탱해오던 중산층이 점차 붕괴되고 양극화 구조로 사회경제구조가 변했다. 이것이 변화한 '경쟁의 틀'과 얽혔다. 있는 집안은 '마더스펙'까지 충분히 챙기며 준비하고, 없는 집안은 망연자실 그저 시류에 따라가고 있는 실정이다. 요즘 강남 지역에서는 자녀를 아프리카나 동남아 오지 등으로 국제봉사활동을 보내는 일도 늘어나고 있다. 하지만 서민층의 자녀는 봉사활동 비용을 대지 못해 가고 싶어도 못 간다. 봉사활동의 진정성은 별개의 문제다. 그러나 대입 전형 시 봉사활동 분야에서 국제봉사활동을 한 학생과 평범한 쓰레기 줍기, 독거노인 도시락배달을 한 학생 중 입학사정관이 관심을 기울일만한 학생이 누구인지는 따로 묻지 않아도 될 것이다.

그리고 셋째, 제도화되지 않은 질서와 문화가 제도를 지배하고 있기 때문이다. 서울대에 가는 것이 곧 법관이나 관료로 입신출세하는 것은 아니다. 누구라도 일정 자격만 갖추면 제도적으로는 고시를 볼 수 있다. 그러나 일단 서울대를 가는 게 고시준비에 유리하고 고시에 합격한 후 인생을 개척해나가는데 인맥이나 정보력에서 월등히 유리하기 때문에 모두 서울대에 목을 맨다. 서울 명문대 출신이어야 집중화된 중앙권력에 진입하기 쉽고 그리고 이 커넥션 안에서 사회적 자원분배가 이루어진다. 이 커넥션 안에서 제도도 만들어진다. 그러므로 세상 흐름을 읽는 한국이라면 누구든 서울의 명문대에 직접 진학하거나 혹은 자기 자녀라도 꼭 보내려고 하는 게 당연하다. 여기에 가족 중심주의까지 얽혀드니 문제는 더욱 심각해진다. 그러면서도 명문대 출신 엘리트들이 모든 걸 독점하는 꼴은 용납하지 못하는 게 한국인의 정서이다. 그래서 대선에서 엘리트 이미지 후보 대 서민층 이미지 후보가 붙으면 대개 서민층 이미지를 가진 후보가 승리를 거두었는지도 모르겠다. 그렇게 해서 개천에서 난 용이 한국 대통령 중에는 꽤 많았다.

개천에서 난 용 한두 마리로는 안 된다

하지만 이미 개천에서 났던 용들도 다음 이무기들을 위해 개천을 강과 바다로 이어주는 물길 공사에는 별 관심이 없는 듯해서 문제이다. 개천에서 난 용에 속하는 부류의 사람들이 이 나라의 최고지도자를 지냈음에도 시간이 갈수록 단극구조의 중앙권력에 대한 집착과 여기에 진입하기 위해 공교육과 사교육 양쪽에 모두 들어가는 이중비용은 날로 커지고 있다. 중앙권력의 변방에 있던 사람들이 대통령이 되고, 제대로 된 사교육의 혜택은 별로 받아보지도 못했을 것 같은 사람들이 최고지도자가 되면 뭔가 바뀌어야 하는데 이건 영 아니다.

이미 기성세대에게서 문제해결의 원천적인 실마리를 기대하는 건 힘들어 보인다. 우리 사회의 최고의사결정 집단을 이루고 있는 5,60대는 자식 세대인 2,30대가 청년실업과 무한경쟁의 가속화 속에서 힘들어 하는 걸 보고 있으면서도 개인의 노력만을 주로 강조하고 있다. 자신들의 젊은 시절의 시대적 조건과 지금 시대의 조건이 달라진 점을 깊이 고려하지 않거나 혹은 모른 체하며 젊은이들을 더욱 가혹한 경쟁으로 내몰고 있다.

이는 흔히 '진취적인 도전' 혹은 '치열함' 등으로 포장되어 젊은이들을 더욱 옭아맨다. 하지만 김영하의 소설 《퀴즈쇼》에서도 묘사되듯이 지금 젊은 세대는 단군 이래로 가장 많은 교육을 받고, 외국어와 컴퓨터, 각종 지식과 자격증 등으로 중무장한 세대이다. 개천에서 용 나던 시절의 부모 세대들은 지금 젊은이들이 잘하는 것 중 한 가지만 하고도 평생을 먹고 살 수 있었다. 지금 젊은이들은 각 개인이 능력이 부족해서가 아니라 절대적으로 부족해진 일자리와 더욱 좁아진 중앙권력으로의 진입통로가 막혀 방황하고 있는 것이다.

과거에는 미국 MBA를 따가지고 오면 직장을 골라잡아가며 안정된 고소득 생활을 할 수 있었다. 그러나 요즘에는 대기업 신입사원 구인광고란에 '미국 MBA · 변호사 · 공인회계사 우대'라는 문구가 적혀있다. 미국 MBA나 변호사, 공인회계사 자격증을 가지고 있으면 예전에는 멋들어지게 사는 인생이 펼쳐질 것이라고 생각했다. 그런데 지금은 그런 고급 자격증을 가지고 있어도 신입사원 선발 시 겨우 '우대'해준다는 조건에 따라 작은 희망이라도 가지고 입사지원서를 내야하는 현실이다.

이런 상태에서 20대 젊은이들은 조금이라도 경쟁력을 갖추기 위해 불철주야 노력할 수밖에 없다. 합리적인 개인이라면 친구들과 어울려 술잔을 기울이며 인생과 사회를 토론하는 시간보다는 혼자서 밥을 먹고 도서관에 앉아 영어나 중국어 공부를 하고 전공 관련 서적을 탐독하는 걸 당연히 중시하게 된다. 연대와 협력이라는 것도 실질적으로 취업에 도움이 되는 스터디 모임에서나 가능한 것이다. 이나마 여기서도 서로 도움만 되는 부분만 취하고 모른 척하려는 얌체들 때문에 종종 다툼이 나기도 한다. 예전에는 평생직장 개념이 있었기에 젊은 시절부터 그렇게 재테크에 목매달지 않아도 되었다. 친구간의 의리와 이웃 간의 정으로 표현될 수 있는 연대와 협력이 자리 잡을 수 있는 조건이 있었다. 5,60대 부모세대들의 젊은 시절 이야기이다.

기성세대들은 자신들의 젊은 시절을 떠올리며 "요즘 젊은 것들은 낭만도 없고, 지들밖에 몰라"라고 손가락질할 줄 모른다. 하지만 제 자식만큼은 도서관에 앉아 열심히 공부해서 남들 밟고서라도 좋은 기업에 취직하고, 고시패스해서 출세하기를 바란다. 기성세대들 중 IMF 이후 구조조정의 바람에 휩쓸려 비참한 중년신세가 된 이들도 많지만 지금 젊은이들처럼 젊어서부터 치열한 경쟁에 내몰려 신음하지는 않았다.

산업화시기에 밤낮을 모르고 젊은 시절을 보냈다고 항변할 수도 있다. 그렇지만 그 고생을 해서 경제적 풍요를 이루었으면 그 과실을 자식 세대에게 안정적으로 이전하고 사회가 더욱 발전할 수 있는 기틀을 다지도록 고민해야 한다. 하지만 사회 곳곳에서 최고의사결정권자가 된 기성세대들은 젊은 세대를 쥐어짜서 조직을 굴릴 고민을 한다. 새로운 경쟁시대의 악조건을 젊은 세대들에게 전가하려는 움직임도 보통이다. 기업의 임금삭감을 통한 일자리 나누기와 군살빼기를 하려면 억대연봉을 받는 임원들의 임금을 깎아야지 왜 쥐꼬리만한 신입사원들의 임금을 깎는가?

우리 사회의 최고의사결정권자들인 5,60대가 이러하다면 사회의 중견세대로 접어든 486세대에게 희망을 걸어보자고 할 수도 있다. 이들은 60년대에 태어나 80년대에 대학을 다니며 군사독재정권을 퇴진시킨 세대이다. 그 어느 세대보다도 정치적으로 훈련되었고 조직적인 행동을 해봤던 경험을 공유한 세대이다. 젊은 시절 연대와 협력으로 대통령 직선제를 쟁취하고 문민정부와 국민의 정부, 참여정부의 중추역할을 하며 정치적으로 상당한 역할을 했던 이른바 386세대였다.

그러나 이들 중 상당수가 사회의 중견간부로 자리잡은 지금 상황은 더욱 악화되고 있다. 기러기 아빠의 원조가 바로 이 세대이다. 지금 10대들을 과잉 사교육의 광풍에 내몰고 있는 부모세대가 바로 이 세대이다. 세상의 변화와 발전을 위해 그 누구보다도 앞장서서 자신들의 20대를 바쳤던 세대이기도 하지만, 외환위기 이후 급격하게 변한 세태 속에서 그 누구보다도 빠르게 세상에 적응하여 벤처붐을 타기도 하고 신성장 지식산업의 최일선에서 부를 창출하며 사회의 중견세대로 자리잡아간 세대이기도 하다. 그러나 이들도 대부분 가족 우선주의와 중앙 집중 권력구조의 굴레를 크게 벗어나지 못하고 대부분 자기 자식인 현재 10대들에게 교육을 통해 자신들의 사회적 지위와 부를 전수하는데 여념이 없다.

40대 지식인 교수들 중에 미국 대학으로 안식년을 다녀오면서 자기 자식을 데리고 들어오는 교수들은 거의 없다. 대부분 자기 자녀를 조기유학생으로 현지에 남겨두고 온다. 잘 나가는 벤처 기업인과 변호사, 의사 등의 전문직 종사자 중 기러기 아빠 생활을 권유받지 않았거나 아예 생각을 안 해 본 사람은 없을 것이다. 이미 단극구조의 중앙권력에 안착한 486세대들은 자신들의 이익에 크게 반하는 정치적 활동을 할 필요성이 없다. 문제점이 있다고 느낄 수는 있지만 이미 중앙권력의 단맛을 향유하고 있는데 굳이 그 꿀단지를 깨버리거나 줄일 이유가 없는 것이다.

이 중앙권력에 들어오지 못한 486세대들은 자영업

이나 샐러리맨 생활을 하며 자신들이 '성공' 하지 못한 인생으로 늙어감을 한탄하는 시점으로 접어 들어가고 있다. 그래서 자기 자식들의 교육에는 더욱 매달려 자식들을 '출세' 시켜 중앙권력의 단맛을 느껴보게 하려고 사활을 걸게 된다. 그리고 자신들은 성공한 자식들의 부모가 되어 여생을 보장받는 그림을 그린다. 단극구조의 중앙권력이 모든 것을 가지고 있지 않다면 이렇게 성공과 실패가 명확히 갈리지도 않고 죽기 살기로 몇 가지 좋은 직업군에 모두가 매달리지 않아도 될 텐데 어쨌든 우리 현실은 이와는 정반대다.

구조상 한 두 개인의 노력으로 문제를 해결하기에는 우리는 너무 먼 길을 왔다. 이제 개천에서 용이 나기도 힘든 시절이기도 하거니와 개천에서 한 두 마리 용이 나도 구조적으로 중앙권력의 단극 시스템에 빨려 들어가게 되어 있다. 용들도 개천 밑바닥에서 힘겹게 살아가는 이무기들을 끌어올려주거나 사다리를 내려줄 여유가 극히 없다. 날아가 버린 용들과 개천 밑바닥에서 퍼덕거리는 이무기들이 서로 갈라진 물길에서 상승작용을 하지 못하며 시간은 흘러가고 있다. 만약 물길이 완전히 갈라져 중간 호수나 계곡도 없어진다면 개울가는 계속 썩어가기만 할 것이다. 그 개울가에서 이무기들이 썩어 없어지면 끝날 문제가 아니다. 그 썩은 냄새는 온 나라를 뒤덮을 것이다.

한 곳으로만 흐르는 물길, 막힐 수밖에 없다
한 곳으로 갈 거면 물길이라도 다양하게
개인의 의지보다는 시스템으로
시스템의 가능성 하나, 국가 엘리트 육성 프로그램
가능성이 여는 세상 ❶ – 개천에서 난 용, 하늘을 나는 자동차를 만들다
시스템의 가능성 둘, 교육발전종합계획
가능성이 여는 세상 ❷ – 두렵지 않은 '제2의 인생', 인생을 두 배로 사는 세상
사라진 젊은이들, 그리고 촛불
새로운 사회를 위한 가능성, 만16세 투표권
가능성이 여는 세상 ❸ – '엘리트 농사꾼', 김의원

물길을 트 자

한 곳으로만 흐르는 물길, 막힐 수밖에 없다

개천에서 용이 날 물길은 점점 닫히고 있다. 그러나 일견 그 물길이 확대되는 것처럼 보이기도 한다. 바로 대학입학 정원이 지난 수 십 년간 차근차근 늘어났기 때문이다. 사법시험 정원도 확대되었고 의대와 약대 정원도 많이 늘어났다. 하지만 전 국민의 아들딸들이 모두가 오매불망 바라는 변호사, 의사 등의 전문직 종사자로 살아갈 수는 없는 노릇이다. 정원은 늘어났으나 그 경쟁은 더욱 치열해졌다. 중앙권력과 좋은 직업 갖기에 대한 한국인의 열망은 정원이 늘어나면 너도 나도 더 해보겠다고 덤비는 과잉경쟁을 낳았다. 자리가 많아졌으니 누구나 조금만 노력하면 다 할 수 있다고 생각하는 건 착시현상에 불과하다.

그럼에도 불구하고 명문대의 정원이 늘어나 누구라

도 노력하면 다 들어갈 수 있을 것 같은 그림이 펼쳐지니 삼수가 아니라 사수, 오수를 해서라도 그 문을 뚫고 들어가려고 한다. 사법시험도 마찬가지다. 국민에 대한 법률서비스 확대를 목적으로 천여 명 선으로 사법시험 합격자수를 늘렸지만 이후 그 관문이 넓어졌다고 할 수는 없다. 법대생뿐만 아니라 이공계 학생들까지 사법시험에 매달리는 신림동 고시촌을 낳고 말았기 때문이다. 꿀이 있는 곳에 벌과 나비가 모여들듯 한 방에 인생 역전할 수 있는 시험에 젊은 청춘들이 부나비처럼 모여들였다. 자신의 인생 성공을 위해 노력하는 젊음을 탓할 이유는 하나도 없다. 하지만 문제는 역시 그 구조이다.

예전에는 시골에서 올라온 고학생이라도 머리 좋고 성실하다면 고시에 한번 도전해볼 만했다. 반기문 유엔 사무총장도 시골 농부의 아들이었지만 외무고시에 합격해 성공의 길을 갈 수 있었다. 노무현 대통령도 부산상고를 나와서 고향마을 토담집에서 혼자 공부했지만 변호사가 될 수 있었다. 하지만 지금은 외고를 졸업해서 서울대에 진학한 후에 낮에는 학교 강의를 듣고 밤에는 엄마가 짜준 신림동 고시촌 학원 커리큘럼을 따라가야 고시에 안정적으로 합격할 수 있는 시대이다. 시험합격 정원이 늘어났지만 그 안에 들어가는 진입로가 사교육에 의존하는 대입경쟁의 확장에 불과하다면 문제가 아닐 수 없다. 개천바닥의 이무기는 미꾸라지로 인생 종치고 말 확률이 높아진다.

 상황이 이렇다보니 최종적으로 사람들은 서울의 명문대에 들어가지 못하면 지방대에 간 후 대학편입이라도 해보려고 안달이다. 명문대 편입을 위해 대학생이 된 후에도 다시 과목만 다를 뿐이지 입시생과 별반 다를 게 없는 생활을 한다. 너도 나도 명문대 출신이고 그 출신이 아니면 사회적으로 성공의 발판을 닦을 수 없는 상황에서 명문대 진학에 매달리는 건 자신의 이익을 추구하는 사람이라면 누구나 할 수 있는 당연한 선택이다. 성공의 사회적 의미를 새로 짜고 인식의 전환을 해야 한다는 하나마나한 주장은 별 설득력이 없다.

 이른바 대안학교로 일컬어지는 고등학교들도 외국대학 학부진학이나 국내 명문대로의 '대안적' 진학방식으로 관심을 끄는 경우가 많다. 지금의 입시와 경쟁구조에서 탈피한 '대안적 삶'을 추구하는 것이 아니라 현 구조에 대한 '대안적 접근'에 그치는 일이 많다. 그런 노력이라도 의미 없는 것은 아니나 그 대안학교에서 교육받고 성공할 수 있는 경우도 대부분 부모 세대들이 상당한 고등교육을 받거나 의식을 갖춘 경우에만 가능하다는 점에서 아직까지 한계는 있다. 구체적인 대안 없이 다양성을 존중하자며 대학입시와 직업에 대한 국민의식의 전환을 촉구하는 주장은 듣는 이의 맥만 빠지게 한다. 그리고 그런 '착한 주장'을 하는 전문가들 대부분도 명문대를 나오고 자리를 잡은 대학교수나 식자층이 대부분이다. 명문대 정원 확대 등은 실패한 정책이 되고 말았다.

한 곳으로 갈 거면 물길이라도 다양하게

　　　　이제 반대로 명문대의 정원을 획기적으로 줄이거나 아주 핵심적인 전문 직종을 소수정예주의로 운용하는 방안도 고려해볼 수 있다. 물길이 한 곳으로만 흘러 막힐 수밖에 없다면 아예 사람들이 따라갈 물길이 여러 군데로 나누어지도록 설계해보는 것이다. 강준만 교수 등이 주장하는 이 방안을 따른다고 한다면 당연히 더 좁아진 문에 들어가기 위해 사람들은 더 많은 시간과 노력, 비용을 들일 수밖에 없다. 일시적으로 병목현상은 더 극심해질 것이고 학벌주의는 더욱 심화될 것이다. 대난리가 나고 여기저기 아우성 소리가 들릴 것이다. 또한 이 정책의 초기 단계에서는 지역·계층별 균형선발 등을 대폭 확대 실시하여 소수 특권계층이 줄어든 대학정원을 독식하는 일이 없도록 세심한 정책적 배려를 해야 한다. 기득권층의 엄청난 반발도 있을 것이고 쉽게 단번에 시행될 문제는 아니다.

그렇지만 중앙권력 집중현상과 이에 따른 진입로 병목현상을 완화하려면 권력의 출원지를 다양화하는 수밖에 없다. 서울대와 일부 명문대 정원확대로 견고한 성곽을 확대해나갈 게 아니다. 그 수를 소수정예화하고 핵심권력에 이르는 사람들의 출신학교와 배경을 다양화해야 한다. 적어도 10년 이상이 걸리겠지만 점진적으로 합의를 이루어가며 시행해가야 한다. 정치와 국회가 필요한 부분이 바로 이 지점이다. 사회적 합의를 해나가며 정책을 보완 조정해가다보면 다소간의 혼란과 조정기를 거쳐 새로운 양상을 볼 수 있다. 장차관과 국회의원, 주요 기관장, 대기업 사장 및 임원, 언론사 간부, 법조인 등의 70~80%를 SKY 출신이 독식하고 나머지도 서울 안의 대학을 나온 사람들로만 채워진 단극화된 권력구조는 수년에서 십수 년에 걸쳐 점차 다양화되지 시작할 것이다.

어차피 나라가 굴러가려면 장차관과 국회의원, 대기업 사장 등을 누군가는 해야 할 텐데 SKY와 서울 지역 대학출신들이 줄어든다면 다른 배경과 경력을 가진 사람들이 그 자리를 채울 수밖에 없다. 이 방안을 주장하는 전문가들의 말마따나 SKY는 소수정예로 학문연구와 외국 대학과의 경쟁력 비교우위를 점하기 위해 보다 힘을 쏟도록 해야 한다. 그리고 국내의 빈 공간에 다양한 출신의 사람들이 다시 경쟁을 벌인다면 지금과 같은 단극구조의 권력문화는 상당 부분 완화될 수 있다.

물론 SKY 위주의 '학벌'은 남아있을 것이다. 하지만 SKY 위주의 학벌 귀족을 온 나라의 정치,경제,사회,문화 모든 곳의 핵심권력을 차지하는 특권층으로 키우지 않으면 된다. 기초학문과 과학기술의 국제적 경쟁력을 책임지는 존경받는 고학력 엘리트 귀족으로 제자리를 찾을 수 있도록 해준다면 말은 달라진다. 긍정적 의미의 '고학력 엘리트'는 국가경쟁력을 위해 지속 육성되어야만 한다.

이를 위해 전국적인 기초학습능력조사를 통해 가능성 있는 인재들을 국가가 주도하여 순수학문과 과학기술, 예술 인재로 양성하는 프로그램을 실시해야 한다. 현재의 왜곡된 '학벌' 구조가 지배하는 상태에서는 전국적인 학습능력조사가 학교 줄 세우기와 사교육의 번성을 조장하는 원흉으로 비판받을 수 있다. 그러나 고학력 엘리트를 길러내기 위한다는 명분이라면 국가주도의 기초학습능력조사는 당연한 것으로 받아들여질 수 있다. 물론 서울대를 비롯한 명문대의 정원을 소수정예화하고 국가 영재는 정부에서 거의 무상으로 교육 지원한다는 전제가 성립한 이후의 문제다.

그리고 학습능력조사는 절대로 사교육을 받아 문제를 잘 푸는 방식을 익히면 고득점을 받을 수 있는 성취도 평가

방식이 아니어야 한다. 학생들의 지능과 실제 능력을 알아보는 가능성 평가로 시행되어야 한다. 이것이 대전제가 되어야 한다. 그렇지 않다면 사교육의 혜택으로 학습능력조사에서 고득점을 받을 수 있는 있는 집안의 자식들이 무상으로 기득권을 세습하는 악순환만 반복될 것이다. 물론 있는 집안 자식이라도 일정한 가능성을 갖추고 있다면 당연히 국가 엘리트 육성 프로그램의 지원을 받을 수 있어야 한다. 사교육으로 길러서 영재로 키우는 사회가 아니라 영재이기 때문에 국가가 길러주는 시스템에서는 당연한 일이다.

개인의 의지보다는
시 스 템 으 로

　　　　이 전제가 성립한 후 국가가 어려서부터 정기적인 학습능력조사를 통해 수학능력이나 언어능력, 예술분야 등에서 뛰어난 자질을 보이는 인재들을 국가 주도의 영재교육 프로그램으로 관리하여 순수학문과 기술경쟁력 창출의 근원으로 활용해야 한다. 그렇게 되면 이들은 새로운 고학력 엘리트 집단이 될 것이다. 그리고 건강한 의미의 국가 엘리트로서 나라 발전에 기여하는 집단이 될 것이다. 이런 고학력 엘리트는 국가 주도로 무상교육에 가까운 혜택을 받아 성장할 것이기에 개천 바닥에서 신음하는 이무기들도 용으로 거듭날 기회를 얼마든지 가질 수 있다. 돈이 없어도 영리하고 자질만 있다면 서울대와 카이스트, 한국예술종합학교 등에 무상으로 진학하여 노벨상을 받을만한 인재로 자라나는 것이다.

1980년대 아시안게임과 서울올림픽을 유치하면서 본격화된 엘리트 체육 프로그램이 비판의 여지도 있기는 했지만 결과적으로 서울올림픽 세계4위 그리고 그 이후에도 꾸준한 성적을 내는 기반으로 작용하고 있지 않은가. 엘리트 체육 프로그램에서 결함으로 지적된 창의적인 플레이와 다른 관리상의 문제들 예컨대 학연·지연 중심의 대표 선발문제 등을 반면교사로 삼아 새로운 국가 엘리트 육성의 발전과제로 해결해 나가면 된다. 그리고 신 국가 엘리트 집단을 민주적으로 통제하고 관리하는 것도 함께 고민해가며 우리나라 민주주의의 또 다른 발전과제로 삼아보는 것도 의미가 있을 것이다.

물론 새로운 국가 엘리트층이 학벌 귀족이 되어 다시 우리 사회의 특권층으로 등장하지 않도록 하는 일, 그리고 여기에 진입하기 위해 온 사회적 관심과 비용이 집중되지 않도록 사회구조를 바꾸어 나가는 일은 단박에 해결할 수 없는 장기적 과제이다. 일단 이를 인정하고 시작해야 한다. 그렇지 않고 왜곡된 학벌구조를 비판하기만 하면서 현실적으로 대책 없는 공교육 강화 주장만 내세우며 낭만적인 평등사회의 이상을 대안처럼 내세우는 일은 지양해야 한다.

모두가 평등한 인간 사회는 없다. "모든 인간은 평등하게 태어났다"는 세계인권선언의 정신은 현실적으로 인간의 평등함을 추구하며 보다 인간적인 사회를 만들어가야 한다는 의지의 표현으로 해석하는 게 옳다. 지금 당장 모두가 평등한 사회를 만드는 일은 불가능한 꿈이다. 다만 보다 평등하고 다른 것을 틀리다고 말하지 않는 다원화된 인간 사회를 만들어 나갈 수는 있다. 현재 우리 사회는 명문대를 나오지 않으면 권력의 핵심부에 진입할 수 없고 그 순열주의의 피를 받지 않으면 "틀렸다"는 낙인이 찍혀 크게 기를 펴지 못하는 구조를 가지고 있다. 개천에서 어쩌다 용이 나더라도 그 순열주의의 경로를 밟지 않고서는 용트림을 할 수 없다. 그리고 점차 그 통로도 대대로 용이 나는 집안에서만 밟아갈 수 있는 상황으로 변해가고 있다. 개천에서 이무기가 용으로 커서 날아갈 수 있는 여지는 계속 줄어들고 있다.

다양한 능력과 자질을 가지고 있는 이무기들을 발견해서 펄쩍 개천을 뛰어올라 큰 강과 바다로 나오게 해야 한다. 그리고 종국에는 하늘을 날며 힘차게 용트림을 할 수 있도록 해주어야 한다. 원래 강과 바다에서 용이 될 준비와 교육을 받는 아이들은 더욱 잘 자랄 수 있도록 놔두면 된다. 내가 말하고자 하는 바는 그들의 기회를 뺏자는 게 아니라 개천 바닥에서 용이 될 자질이 있는 이무기들이 상처받고 사장되어 버리지 않도록 하자는 것이다. 이런 주장은 이데올로기적 공세를 받기 쉽다. 모두 지금 우리사회의 권력구조가 지나치게 일원화되어 있기 때문이다. 이 권력구조에 진입하는 길을 다양하게 만들자는 주장은 그 권력구조의 안에 있는 자들의 기득권을 해치는 공격으로 받아들여지기 쉽다.

특히나 가족 우선주의와 결합한 단극화된 권력구조는 사람들로 하여금 한 번 잡은 권력은 반드시 가족 내에서 대를 이어 세습되어야 하는 것으로 인식하게 만든다. 권력의 출원지가 다양화되어 있지 않은 사회에서 한 번 잡은 권력을 놓으려는 멍청이는 없다. 더군다나 권력세습은 보다 세련된 방식으로 이루어지기 마련이다. 배운 사람들과 가진 사람들 중 자신들의 탐욕과 욕심을 드러내놓고 말하는 사람은 없다. 겉으로는 교양 있고 여유로운 척하며 직업의 귀천이 없고 노력하는 사람들에게는 기회가 온다는 말을 언제나 되풀이한다.

티브이나 언론 매체에서도 억척같은 의지를 가지고 밑바닥에서부터 성공한 사람들의 인생역정을 찬양하며 누구나 그런 기회를 가질 수 있다고 웅변한다. 그러나 그런 기회의 성취가 어떤 우연이나 한 인간의 특별한 의지에 따라 이루어지는 게 아니라 국가 엘리트 육성 프로그램 등의 시스템에 따라 이루어질 수 있는 사회를 만들자는 게 내 주장이다. 특별히 개천에서 용 난 이야기가 언론보도의 미담이나 훈훈한 소식으로 포장되어 배달되지 않았으면 한다. 능력을 가진 자라면 국가가 우선 발굴하여 육성해서 개인의 가치실현과 국가 경쟁력 강화를 동시에 이룰 수 있는 나라가 대한민국이었으면 한다.

시스템의 가능성 하나, 국가 엘리트 육성 프로그램

"개천에서 용 나지 않는 시대"를 고쳐보자고 하니 안 되는 애들도 무조건 구제해보자고 하는 터무니없는 절대 평등주의 이상을 주장하는 것처럼 오해할 수도 있다. 단연코 그 정반대라고 말하겠다. 이 책의 주장은 개천에서 사장될 이무기들의 에너지도 끌어내어 국가와 사회발전의 동력으로 삼자는 데 그 핵심이 있다.

좋은 교육받고 잘 될 상류층의 아이들은 그대로 잘 자라주면 된다. 부와 권력에 걸맞는 윤리감각과 공동체 의식을 갖추고 '노블레스 오블리주'를 제대로 실천하며 기존의 일부 몰상식한 특권층과는 다른 건강한 엘리트로 자라주면 된다. 문제는 뿌연 개천 밑바닥에서 헤매고 있는 아이들이다. 영 재주가 없고 뒤쳐질 수밖에 없는 아이라도 최대한 보통 수준으로

끌어올려야 한다. 그리고 개천에서 태어나 살고 있지만 총명하고 가능성이 있다면 국가가 적극 발굴하여 그 능력을 한껏 발휘할 수 있도록 뒷받침해야 한다. 이를 국가 엘리트 육성 프로그램 등의 방식으로 제도화시켜 시행할 필요가 있다.

앞서도 언급했지만 이 방안은 '성취도'보다는 '가능성' 조사를 기초로 하는 국가 정책이 되어야 한다. 현재 초등학생까지도 실시하는 전국 단위의 국가수준 학력 성취도 평가는 국가수준 기초학습능력조사로 전환되어야 한다. 사교육의 문제풀이 훈련으로 고득점이 가능한 성취도 평가가 아닌 순수하게 한 학생의 언어능력이나 수리능력, 예술적 잠재력 등을 조사하는 가능성 평가이어야 한다. 그렇지 않다면 새로운 학습능력조사를 겨냥한 맞춤형 사교육의 출현은 불 보듯 뻔하다.

어렸을 적 학기 초에 아이큐 검사를 하고나면 그 결과에 따라 친구들끼리 서로 "돌대가리"라고 놀려대던 기억이 난다. 종합적인 아이큐 검사는 필요한 조사지만 문제는 그 결과마저도 줄 세우기 식으로 평가해버리는 당시 학교 교육현장의 분위기였다. 전반적인 아이큐는 떨어지더라도 언어논리력이나 공간지각능력에서는 두각을 보일 수 있는 학생이 분명 있었을 것이다. 그러나 이런 가능성들을 배제하고 종합 지능검사 결과도 시험성적처럼 줄 세우기 해버리는 게 한국 교육이었다.

이런 마당에 지금과 같은 국가 수준 학습 성취도 평

가가 지속되면 그 결과를 놓고 다시 줄 세우기가 시행될 가능성이 높다. 각 지역교육청까지 성취도 평가결과를 공개하는데 각 교육청 내에서 뒤처지는 학교에 대한 유무형의 압박이 들어갈 것은 뻔하다. 학부모들도 덩달아 "우리가 사는 지역은 이제 미래가 없다"고 난리 칠 것이고 아이들은 괜한 패배감에 젖어 들 것이다. 학교별로 공개를 안 한다고 하지만 암암리에 그 결과를 놓고 무성한 말들이 오고갈 것이다. 이러다보면 성취도 평가에서 좋은 점수를 받지 못한 학생을 각급 초등학교에서 특별지도하겠다고 나설 수 있다. 이게 학교에서 다 소화가 되면 공교육 강화로 자연스럽게 이어질 테니 오히려 다행이다. 현재 국가 수준 학습성취도 평가가 노리는 바도 이와 같다. 전반적인 기초학력 미달학생에 대해서는 이와 같은 방법으로 지원을 하는 게 가장 효과적이다.

그런데 이 기본취지를 훼손하는 일이 교육현장에 얼마든지 벌어질 수 있다. 바로바로 다음 평가에서 고득점을 내야겠다고 학교장이나 교육청은 성화를 부릴 텐데 단기간에 성과를 내자면 아이들은 결국 문제풀이식의 얄팍한 교육을 받아야만 한다. 공교육에서 커버가 안 되면 은근히 사교육의 지원을 받으라는 압박이 학부모들에게 돌아갈 수도 있다. 좋은 결과를 못 내면 학교장이 불이익을 받거나 혹은 지역 학교장 사이에서 망신이라도 당할 수 있으니 진정한 의미의 교육보다는 성과중심의 교육으로 모든 초점이 맞추어질 수 있다. 실제로 충북도교육청은 2009년 5월 관내 초·중·고교 교감연수에서 충북 지역 학력 수준을 높이기 위한 방안으로 여름방학을 줄이는 방안을 논의한 적도 있다 경향신문 2009년 6월17일. 행여 이런 방안을 통해서라도 기초학력이 미달되는 학생을 달달 들볶아서 기초학력을 갖추게 한다면 이 또한 국가와 사회의 기본인재를 기르는 일이니 마다할 이유는 없다. 그러나 문제는 단극구조의 중앙집중 권력문화에서 줄 세우기에만 치중하다가 반복 문제풀이로는 찾아낼 수 없는 '가능성'을 지닌 인재를 놓칠수 있다는 점이다.

그래서 절대 '성취도' 평가가 아닌 '가능성' 조사에 초점을 둔 적절한 국가 수준의 평가와 조사가 있어야 한다. 이 평가방법에 따라 특별한 가능성이 있는 학생들을 조기에 선별해서 국가 엘리트로 육성하여 학문 및 예술발전, 과학기술 경쟁력 향상의 첨병이 되도록 해야 한다. 평가방법 개발과 공정성 확보는 교육당국의 의지에 달린 문제이다. 1999년에 중앙인사위원회가 출범한 후 행정고시와 외무고시 1차 시험에 공직적성검사를 도입한 바 있다. 객관식 1차 시험을 새로운 평가방법을 개발하여 전면 개혁한 것이다. 많은 이들이 우려하기도 했지만 몇 년 안에 새로운 선발방법으로 인정받으며 상당히 자리를 잡았다. 당국의 의지가 있다면 안 될 건 없는 문제이다.

또한 국가 엘리트 육성 프로그램은 고소득층의 자녀라도 가능성이 있다면 당연히 그 대상에 포함시키는 방향으로 나아가야 한다. 그렇기 때문에 이 정책의 근간이 되는 학습능력조사는 사교육으로 고득점이 가능한 성취도 평가가 아닌 순수한 가능성 평가가 더욱 되어야 한다. 단기적으로는 줄 세우기 교육문화가 금세 사라지지 않을 테니 이 가능성 조사의 결과가 무슨 학습 성적인양 오해되는 사태가 벌어질 수 있다. 그러므로 교육당국의 섬세한 접근과 시행이 또한 요구된다.

이렇게 귀찮고 번거로운 정책을 시행해야 하는 이유는 바로 국가경쟁력 강화라는 교육정책의 근본목적을 새로 세우기 위함이다. 그간 우리 교육정책은 대부분 대학입시 정책으로만 생각을 해왔다. 그래서 이 대학입시가 끝나면 모두가 교육정책과는 별개의 삶을 산다고 생각을 해왔다. 그러나 교육은 원래 평생교육이어야 한다. 자기의 가능성과 능력을 우리 모두가 납득할만한 수준과 방법으로 확인하여 각자의 가능성에 대해 꾸준히 투자하고 노력한다면 분명 개인의 경쟁력뿐만 아니라 국가의 경쟁력도 덩달아 확보될 것이다.

자라날 세대가 학교를 다니면서 주기적으로 학습능력조사를 받아 각자의 적성과 가능성을 찾아 개발해나가는 길이 그 첫 발이 될 것이다. 그리고 이 학습능력조사에서 선별된 소수의 영재들은 국가가 책임지고 대학과의 연계교육, 산학협

동교육 등을 실시하여 기초학문과 기술발전 등을 담당하는 국가 엘리트로 키워나가야 한다. 지금까지는 자기의 적성이 무엇인지도 모르고 수능점수에 따라 대학을 가고 학과를 선택해서 그에 따라 자기의 적성을 맞추어가는 삶이었다. 21세기인데 이런 삶은 이제 새롭게 디자인해야 되지 않겠는가.

개천에서 난 용, 하늘을 나는 자동차를 만들다

― ○○신문 2033년 11월 17일자

"국가과학자로 선정됐으니 더 열심히 해야겠죠. 보는 눈이 그만큼 많아졌으니까요."

카이스트 신철민 박사는 담담한 어조로 소감을 밝혔다. 연구실 메신저로는 계속해서 축하메시지가 들어오고 있었다.

신철민 박사의 오늘이 있게 한 것은 이십여 년 전부터 시행된 국가 엘리트 육성 프로그램이다. 이 프로그램을 통해 기계분야 영재로 선발된 신 박사는 학창 시절 방학 때마다 카이스트와 국내 유수의 자동차 연구소 등을 돌아다니며 궁금한 건 모두 배울 수 있었다.

"(국가 엘리트 육성 프로그램은) 정말 흥미로운 프로그램이었습니다. 제가 기계분야 중에서 특히 자동차 분야에 관심을 나타내니 그에 맞추어서 담당 공무원분들이 관련 교수님들과 기술장 분들하고 의논을 하셔서 맞춤형 프로그램을 짜주시더군요. 어릴 때부터 밀착해서 이론과 산업현장의 실제생산 모습을 지켜보았으니 제 연구는 이미 10대부터 시작되었다고 할 수 있습니다."

신철민 박사가 '연구를 시작한' 10대 당시인 2010년대에는 하이브리드 자동차가 본격 양산되고 친환경 전기자동차가 개발되어 상용화되는 등 자동차 산업의 일대 변혁기로 꼽히는 시기였다. 차세대 자동차 개발과 상용화는 자동차 수출이 많은 비중을 차지하는 우리나라 산업구조상 피할 수 없는 부분이었다. 정부의 관심과 지원도 집중되었다.

"그 당시에 정권이 바뀌고 정책의 변화가 다소 생기기는 하더라도 큰 줄기는 바뀌지 않았습니다. 새로운 미래 산업 육성과 기술개발, 인재양성 같은 화두는 2000년대 초반 극심한 정쟁과 분열을 겪으면서도 한국민들이 반드시 놓쳐서는 안 된다고 암묵적으로 합의한 분야였으니까요. 그러니까 국가 엘리트 육성 프로그램 같은 것도 나올 수 있었겠죠. 정치적 부침에 상관없이 저는 어려서부터 제 갈 길만 가왔다고 할 수 있습니다. 공무원분들의 복지부동을 질타하는 목소리가 지금도 있습니다만 제가 인복이 있었는지 제가 만난 담당 공무원분들은 한결같이 진정으로 제게 도움을 주시려고 노력하셨습니다. 그 분들하고는 지금도 연락을 주고받습니다. 마치 친척 어르신들 같죠(웃음)."

신철민 박사가 이런 지원 속에서 관심을 기울여 연구했던 분야는 '하늘을 나는 자동차'였다. 대도심 교통체증이 심하면 누구나 날아서 목적지로 이동하고 싶은 생각을 해보았을 것이다. 이런 상상을 신 박사는 실제로 이루어보려고 연구중이다. 그리고 작년에 세계 최초로 시연한 공기부양 자동차 첫 샘플모델 '구름'이 그 결실이다.

'구름'은 지구 어디에나 펼쳐져 있는 자기장 에너지를 그 원동력으로 한다. 센서가 주차해놓은 지역의 자기장을 측정하면 부양엔진은 순간적으로 강력한 자기장을 발생시켜 차를 공중으로 밀어 올린다. N극과 N극이 서로를 밀어내고, S극과 S극이 서로를 밀어내는 자기장의 원리를 활용한 것이다. 이렇게 공중에 부양한 자동차는 청정 전기 에너지를 이용해 도심 하늘을 가른다. 현재 시속 20km 정도의 수준이지만 향후 연구에 따라 그 속도는 더욱 높아질 예정이다.

신박사가 국가과학자로 선정되었으니 향후 관련 연구에 8년간 최대 30조원이 지원된다. 과거 2006년에 '국가과학자'가 처음 지정되었을 때는 6년간 최대 15조원의 예산이 지원됐다. 이러던 것이 2010년대 '국가 엘리트 육성 프로그램'이 시작되면서 여기서 배출된 엘리트들을 평생 지원한다는 개념이 적용되어 연구지원 기간과 금액도 올라갔다. 여기에 더해지는 관련 산업계의 지원을 고려한다면 상당한 연구기반이 마련되어 있는 셈이다. 인도와 중국 등에서도 한국으로 유학을 보내 과학기술을 연구하는 경향도 날이 갈수록 뚜렷해지고 있다.

"제 연구팀에도 인도에서 온 박사과정 학생이 있습니다. 그 학생은 인도 자동차 재벌의 셋째 아들이라고 하더군요. 그러니 돈 들여서 한국으로 유학도 오고 했겠죠. 이런 외국학생들을 보며 드는 생각이 만일 예전에 제가 종합적인 국가 지원을 받지 못했으면 나는 뭘 하고 있을까라는 생각입니다. 아버지가 시골에서 카센터를 하고 계셨으니 아마 그저 이어받아서 하고 있었겠죠. 하늘을 나는 자동차도 시골 자동차 수리공의 한낱 꿈에 불과했을 겁니다. 하지만 '국가 엘리트 육성 프로그램'이 모든 걸 바꾸어 놓았습니다. 그 이전부터 시행중이던 '국가과학자' 프로그램도 제 연구를 한층 더 업그레이드 시킬 것이고요. 기대해주십시오. 열심히 하겠습니다."

신철민 박사가 현재 쓰는 연구실은 2007년 국가과학자로 선정됐던 유룡 박사의 방이다. 유룡 박사는 국가 과학자 선정 당시에 "주경야독 하던 고학생 출신 국가 과학자"로 회자됐었다. 유 박사는 낮에는 집안 농사일을 돕고 밤에만 공부를 했던 것으로 유명했다. 어린 시절 침침한 등잔불을 직접 개량해 '고성능 등잔불'을 만들어 쓸 정도로 과학에 관심이 많았다고 한다. 훗날 화학자가 되어 나노^{nano} 분야의 대가로 성장한 유 박사는 말하자면 신철민 박사의 롤 모델에 가깝다.

둘 다 시골출신이고 그다지 넉넉한 형편이 아니었음에도 이들 표현대로 "한 눈 팔지 않고 공부만 한 결과" 오늘날 나라에 기여하는 큰 인물로 성장할 수 있었다. 유룡 박사는 2007년 국가과학자 선정 당시 언론 인터뷰에서 "청소년들이 그냥 열심히 공부만 하면 되도록 정부가 인프라를 더욱 잘 만들어 주길 바란다"고 했다.

바로 그 바람의 결실이 신철민 박사가 아닐까. 두 과학자가 쓰는 방이 세대를 달리해서 같은 방이라는 게 우연치고는 너무나 신기했다. '개천에서 난 용'이 시간을 달리해서 한국 과학계의 선두로 떠오른 일도 기록할 만한 일이다.

오늘도 신철민 박사는 학교에서 10분 거리에 있는 집에 가서 두 자녀와 저녁식사를 함께 하고는 연구실로 돌아와 불을 밝힐 것이다. 매일 이어지는 일상이지만 하루하루 꿈을 이루기 위해 도전하는 삶이라 신 박사는 아주 즐겁다고 했다.

"누군가 그러시더군요. 개천에서 난 용이 사람들을 하늘로 날려 보내는 자동차를 연구하고 있다고요. 그런 그림을 상상하며 연구하다보면 시간 가는 줄 모르겠습니다. 모두가 매일 날아다니며 출퇴근 하는 길을 만들어보겠습니다. 다음번 인터뷰는 하늘을 나는 자동차 안에서 해볼 수 있기를 기대합니다."

시스템의 가능성 둘,
교육발전종합계획

　　내 기억에 학교는 마지못해 가는 곳이었다. 정규교육과정의 졸업장을 따야 밥벌이라도 해먹을 수 있을 것 같았고 10대 당시에 학교를 가지 않아봤자 마땅히 할 일도 없었다. 학교에서는 졸다가 선생님이 시험에 나온다고 하는 부분에만 교과서에 밑줄을 그어 놓았다. 그리고 교과서의 밑줄 그은 부분에 대한 부가내용은 참고서를 보거나 학원선생의 수업을 들어야 이해가 더 빨리 됐다. 학교는 시간 때우는 곳이었다. 학교는 시험문제 내고 점수를 매기는 권위가 없다면 곧 무너질 곳이었다. 시험문제를 내고 평가하는 권위를 가지고 있으면서도 그 문제풀이 교육은 학원에 일임하는 이상한 곳이었다. 학교 선생님들 중 아이들 교육에 열성인 선생님은 따로 학생을 불러 좋은 학원을 소개시켜주기까지 했다.

내가 고등학교를 졸업한 지 십년이 넘었는데 이런 상황은 별반 달라진 게 없다. '공교육 강화', '교실 붕괴 이대로 둘 순 없다'는 주장은 무성하지만 뾰족한 대책은 없다. 한번에 구세주와 같은 사람이 나타나 문제를 해결해주면 시원할 것이다. 하지만 그 구세주는 나타나지 않을 것이다. 우리 스스로가 구세주가 되려고 하지 않는 이상 절대로 구세주는 나타나지 않는다.

본인이 대학에 가버리거나 혹은 입시생 자녀가 가족 중에 없어지면 교육정책 전반에 대해 신경을 꺼버리는 무사안일을 버려야 한다. 교육정책이 입시정책이 전부인양 되어버린 나라에 산다는 건 대단히 불행한 일이 아닐 수 없다. 평생직장이 있던 시절은 가고 이제 4,50대 이상이 되면 누구든지 제2의 인생을 준비해야 하는 시대이다. 끊임없는 재교육과 자기 가능성 발견이 이루어지지 않으면 활력 없는 인생, 별 볼일 없는 인생을 살아가야 한다.

각개격파 식으로 직장을 다니며 밤에 경영대학원이나 각종 정책과정을 이수하면서 흩어져 사는 일도 피곤하다. 한방에 모든 입시 스트레스를 날려주고 자기적성 찾아 제2의 인생도 준비하며 살아갈 인생계획을 지원해주는 국가정책을 당장 바랄 수는 없겠지만 적어도 그 시동이라도 걸어보려고 노력은 해야 되지 않겠는가.

무슨 거지근성이냐고 당장 되물을 수 있다. 국가에 바라는 게 뭐 그리 많냐고 말이다. 옛날 산업화 시대에는 낮에 일하고 밤에 공부하고 피똥 싸가면서 다 했는데 무슨 호강에 겨워 요강에 똥 싸는 소리냐고 할 수 있다. 개인이 노력하면 다 살 길이 열린다는 말로 덮어버릴 수도 있다. 많은 위정자들이 그런 식으로 개인의 노력을 강조한다. 그런데 생각해보자. 지금 사람들 사는 게 이리도 피곤한 것이 개인들이 노력을 안 해서 그런 것인가. 그리고 어려서 힘들고 가난한데도 열심히 노력해서 정치인이 되고 관료가 되고 사회 지도자가 되었으면 자기 다음 세대는 그렇게 고생 안하고도 능력을 발휘할 수 있는 제도적 발판들을 닦아나가야 하는 게 지도층의 역할이 아닌가.

이런 문제인식을 발판으로 교육정책 전반에 있어 대입정책뿐만 아니라 그 이후 평생교육도 연계해서 국가와 사회가 종합적으로 지원할 수 있는 이른바 '교육발전종합계획' 등을 만들어나가도록 시민들이 움직여야 한다. 이 안에 한방에 처리할 수 없는 각종 입시문제와 교육현장의 자잘한 문제들에 대한 정책처방과 그 수정안들이 계속 덧입혀져야 한다. 이른바 '칵테일 요법'으로 여러 정책들을 혼합하고 다소간의 시행착오도 겪어가면서 승화 발전할 수 있는 길을 찾아야 한다.

자기만 좋은 대학 가고, 자기 자식만 좋은 대학 보내면 끝나고 마는 말초적인 가족 중심주의의 실현만을 교육의 최종목적지로 삼지 말아야 한다. 넓게 보고, 국가 수준의 학습능력조사 등으로 어려서부터 학생들이 가능성과 적성을 파악하고 이에 따라 대학 진학이나 고교 졸업 이후에도 재교육이 충분히 이루어져 안정적으로 제2의 인생을 준비할 수 있는 종합계획을 만들어가야 한다.

현재도 '교육과정'이라는 이름하에 각 시대별 요구과제를 담은 교과서 집필 기준과 교육지침 등이 있기는 하다. 예컨대 현재 시행중인 7차 교육과정은 "21세기의 세계화·정보화 시대를 주도하며 살아갈 자율적이고, 창의적인 한국인을 육성"하는 게 주요목표이다. 그러나 이는 초·중·고등학교의 교과서 작성과 학과 교육 이상의 내용을 담고 있지는 못하다. 21세기를 살아갈 자율적이고 창의적인 한국인은 대학 이후에도 줄기차게 지원이 되어야 육성될 수 있다. 이 지원방법을 찾기 위해서는 일단 우리 하나하나가 "자율적이고 창의적인" 사고방식으로 교육당국에 요구를 하고 정책의견을 개진해나가야 한다.

2008년 서울시 교육감 선거에서 공정택 후보는 서초, 강남, 송파 학부모들의 똘똘뭉친 투표로 주경복 후보의 바람을 잠재우고 당선되었다. 선거결과를 보고 사람들은 특권교육의 치맛바람과 철옹성 같은 벽에 다시 한 번 절망했지만 나는 전혀 놀라울 것이 없었다. 이른바 '강남 학부모'들은 민주주의 제도를 있는 그대로 100% 활용한 것뿐이다. 자신들의 이익에 합치하는 후보에게 표를 몰아 당선시켜 자신들의 의지를 관철한 것이다. 지극히 민주적인 방법으로 말이다.

진보 진영은 손 놓고 패배했다. 자율적이고, 주체적이고, 창의적으로 참여하지 않았거나 혹은 그 참여를 이끌어내지 못했기 때문이다. 할 말이 없는 패배이다. 교육정책을 바꾸고 싶고 변화를 보고 싶으면 자기의 의견에 조금이라도 가까운 후보에게 투표하면 된다. 지금 대부분이 이런 단순한 과정에 무관심하다가 무슨 정책만 새로 발표되면 언론 보도만 보고 "혼란이다", "잘못됐다"고 핏대 올리기만 바쁘다. 그래봤자 구체적으로 바뀌는 것은 아무 것도 없다.

생각나는 게 있으면 선거 때 반영되도록 투표하고, 중간 중간에 교육청에 전화도 하고 교육부나 교육청 홈페이지에 글도 올리는 등 다양한 방법을 동원해봐야 한다. 그런 과정에서 교육발전종합계획 같은 것도 만들고 여기에 '공교육 강화를 위한 참고서 필요 없는 교과서 만들기', '위화감 방지와 교육비 절감을 위한 기본 학용품과 준비물 무상지급', '무상급식 확대' 등등의 정책방안을 패키지로 포함시켜나가야 한다. 그리고 나아가서는 우리나라의 교육정책이 입시정책으로만 그치지 않는 말 그대로 평생교육정책으로 전환되도록 그 토대를 마련해야 한다. 이건 행동하는 시민만이 할 수 있는 일이다. 그리고 그 민주시민으로 살아가는 일은 민주주의 원리의 평생교육과 실천이라고 할 수 있다.

두렵지 않은 '제2의 인생', 인생을 두 배로 사는 세상

김한수는 모두가 퇴근한 사무실로 출근했다. 밤10시. 늦은 시간이었지만 이 시간이 북 디자이너 김한수가 출근하는 시간이다. 책의 겉표지 디자인을 뽑고 때로는 책 중간에 들어갈 삽화도 그린다. 보통 김한수의 작업시간은 밤10시부터 새벽 5시 정도까지이다. 그림을 구상하고 그리는 일이라 다른 사람들의 방해가 없는 새벽시간이 오히려 집중도가 높다.

출판사 사장도 이 점을 인정해 김한수의 근무시간을 탄력적으로 조정해주었다. 출근 후 김한수는 사내 인트라넷에 접속해 새로 제작중인 책 표지에 관련된 회의내용 메모를 살펴보았다. 아직 자신이 직접 참여할 회의단계는 아니었다. 1차로 작가와 출판사 직원들이 회의를 해서 기본 아이디어와 주문사항을 기록해두면 시안을 작성해 주간 중에 함께 회의를 한다. 주간에 회의가 있는 날이 어찌 보면 김한수에게는 '야근'을 하는 날이다.

요즘은 이 '야근' 외에 다른 일로 주간에도 출근하는 경우가 많다. 다음 달 열리는 프랑크푸르트 도서전 북 디자인 부문에 초청되어 가야하기 때문이다. 출품작은 마무리해서 이미 보냈지만 현지에서의 활동계획을 수립하느라 몸과 마음이 바쁘다. 새로 북 디자인 일을 시작한 지 3년 만에 이룬 성과라 이번 도서전이 김한수에게는 의미가 크다. 이번 도서전을 계기로 북 디자이너로 확고히 자리를 잡고 제2의 인생을 더욱 힘차게 살아갈 작정이다.

4년 전 30대 후반의 나이에 김한수는 다니던 직장에서 해고됐다. 서울의 한 대학에서 국문학을 전공하고 김한수가 사회생활을 시작한 곳은 국내 굴지의 건설사 홍보실이었다. 그곳에서 김한수는 사보 기획과 취재를 하는 일을 했다. 회사 주택건설 부문에서 지은 아파트 단지가 있는 지방에 매달 내려가서 현지 취재를 하고 그곳 주민들의 삶과 주거문화에 대한 기사를 주로 썼다. 회사 취지에 맞춘 홍보기사들이기는 했지만 아파트만 지어주고 끝나는 것이 아니라 회사가 주민들의 생활에 계속 관심을 가지고 있다는 걸 표현하기에 더없이 좋은 홍보수단이었다.

업무 만족도도 높았고 직함도 대리로, 과장으로 차차 높아졌다. 더 이상 일선 사보 기자 때처럼 현장 취재를 하지 않았도 됐지만 김씨는 가끔 자진해서 출장을 가기도 했다. 그러다가 4년 전 회사의 경영주가 바뀌면서 홍보실 인원이 축소됐다. 간부급 사원들이 정리해고 대상이 됐다. 30대 후반의 나이에 회사를 떠나야 했다.

김한수는 자기 아버지의 예전 모습을 떠올렸다. 아버지가 30대 후반이던 2009년에 전 세계적인 경기불황이 닥쳤다. 아버지는 다니던 회사에서 쫓겨나 부천에서 어머니와 함께 치킨집을 시작했다. 그 때 김한수는 막 초등학교에 입학했다. 어린 김한수가 보기에도 부모님의 삶은 고단하고 신산해 보였다. 그러나 두 분은 김한수의 교육에는 매우 열정적이었다. 기본 학과공부뿐만 아니라 미술과 음악 등 예능교육도 놓치지 않고 시켰다. 동네 학원에 다니는 정도이기는 했지만 수도권 중소도시의 서민층 수준에서 할 수 있는 모든 것은 다했다.

중학교에 올라가서는 국가 엘리트 육성 프로그램의 일환으로 실시된 기초학습능력조사에서 미술 분야의 영재로 최종심사에까지 추천된 적이 있었다. 언어와 수리, 과학 능력 등은 기본 지필고사를 통해 모든 학생들이 학습능력을 평가받았다. 예능분야는 학교 교사의 추천에 따라 따로 평가를 실시했다. 김한수는 학교 미술선생님의 추천으로 미술 분야에 응시해서 최종심까지 진출했던 것이다. 하지만 그해에는 최종선발이 되지 않았다. 학교의 미술 선생님은 다음 해에 다시 해보자고 권했지만 김한수의 아버지가 반대했다.

"그림 그려서 무슨 돈벌이를 하겠습니까? 저는 한수가 지금 하는 대로 공부 열심히 해서 좋은 대학 나오고 대기업에 정규직으로 취직하거나 공무원으로 안정되게 살아갔으면 합니다. 그림은 그 후에 자기 취미생활로 해도 늦지 않을 겁니다."

결국 김한수는 미술가의 길을 포기하고 일반 대학의 국문학과로 진학했다. 졸업 후 아버지가 원하던 대로 대기업 홍보실에 취직해서 안정된 삶을 살았다. 아버지는 흡족해했다. 그런 흡족한 삶의 그림이 4년 전에 '깨진' 것이다.

하지만 세상은 달라져 있었다. 아버지 세대의 판단기준으로 보자면 안정된 삶은 '깨진' 것이다. 중소 전기회사의 엔지니어로 일하다가 해고됐던 아버지는 2009년 당시에 몇 천 만원의 퇴직금에다가 30평대 아파트를 20평으로 줄이면서 남은 돈 몇 천 만원을 합쳐 치킨집을 시작했다. 그나마 빚 없이 시작한 게 다행이라고 주위에서는 다들 입을 모았다.

전직을 위한 재교육이나 사회적 지원제도가 거의 없던 시절이라 김한수의 아버지는 삶의 무게를 오로지 혼자 짊어져야만 했다. 김한수도 같은 처지에 놓이기는 했지만 삶이 '깨지는' 충격은 덜했다. 2010년대에 들어 국가 교육발전종합계획이 실시되면서 대학입시에만 온 국민의 관심이 모아졌던 교육정책이 평생교육정책으로 일대 전환되는 전기를 맞았다. 특히 국가 엘리트 육성 프로그램과 맞물려 돌아가는 정책은 김한수와 같이 국가 엘리트로 최종 선발되지 않은 사람들도 우선 교육지원대상이 되어 성인이 된 후 원하는 시점에 언제든지 대학원이나 대학교 사회교육원 등에서 해당분야 교육지원을 받을 수 있었다. 이 프로그램에 따라 김한수는 건설사 홍보실에 다니면서 야간과 주말 시간을 활용해 시각디자인을 공부했다.

2010년대부터 사회안전망도 대폭 확충되었다. 기업의 해고도 자유로운 대신 이직도 자유로웠다. 사람들이 제2의 인생을 출발할 수 있도록 정부가 재교육을 지원하는 각종 프로그램이 신설되었기에 가능해진 일이다. 이른바 "해고도, 전직도 자유로운 경제사회구조"가 갖추어지기 시작했다. 김한수가 시각디자인 대학원에 다닐 무렵에는 이런 제도가 자리를 잡은 후였다. 김한수가 다니던 시각디자인 대학원에도 광고와 영상관련 업종에 종사하는 일반인들도 많이 있었다.

북유럽 등에서는 훨씬 이전부터 시행되었던 노동의 유연성flexibility과 사회보장의 안정성security이 합쳐진 '유연안정성flexicurity' 개념이 한국에서도 우여곡절 끝에 드디어 정착된 것이었다. 서구에서도 이 개념이 도입되고 안정되는데 많은 혼란과 역사적 배경이 있었다. 한국은 산업화도 압축적으로 이루었듯이 이 교훈을 면밀히 살펴 새로운 개념의 선진사회로 나아가는데도 주저함이 없었다.

이 덕에 김한수와 같은 사람들은 해고를 아무렇지도 않게 받아들인다. "평생교육지원을 통해 배웠던 기술이 있는데 뭐가 걱정입니까. 하고 싶은 일을 찾아 전직을 하면 그만이죠." 특히 김한수 같은 경우는 어려서부터 미술 분야의 준 국가영재로 인정받아왔기에 남보다도 쉽게 제2의 인생을 준비할 수 있었다. 4년 전 회사에서 해고되고도 1년간 실업수당을 받으며 한 미술대학의 사회교육원이 운영하는 '북 디자이너 양성과정'을 추가로 다녔다. 이 과정을 마치고 김씨는 출판사의 정식 북 디자이너로 다시 전업할 수 있었다.

그리고 어려서부터 인정받던 재능을 유감없이 발휘해 3년 만에 꽤나 인정받는 북 디자이너가 되었고 프랑크푸르트 도서전에까지 초청받았다. 어린이 한글교재에 한글을 형상화한 북 디자인을 한 적이 있는데 이 작품이 호평을 받았다. 김한수는 외국인을 위한 한국어 교재에 이 디자인을 적용한 작품을 도서전에 출품했다.

이번 도서전에서 좋은 결실을 맺으면 김씨는 출판사에서 독립해 자신만의 출판 디자인 전문업체를 꾸려볼 생각이다. 디자인 컨텐츠 진흥재단의 벤처기업 지원자금의 혜택을 염두에 둔 생각이다. 30년 전 아버지는 약간의 퇴직금과 집도 줄여가면서까지 장사를 시작했다. 그 후로도 여유로운 삶과는 거리가 먼 생활을 했다. 그러나 김한수는 이제 국가와 사회의 지원으로 새 삶을 아주 여유롭고 안정적으로 시작하고 있었다.

자기가 받는 지원금에 대해서도 그다지 빚진 마음도 많지 않았다. 자기의 능력을 더욱 발휘해 더 큰 가치와 결실을 가져다주면 그게 사회 전반적으로는 더 큰 이익이 되기 때문이다. 자기가 지원 프로그램의 혜택을 받아 경제적 능력을 갖추고 많은 세금을 내면 다른 사람들에게도 이득이 되고 결과적으로 사회와 개인 모두가 같이 이득을 향유하게 된다. 사람들이 공평하게 능력과 자질만큼 안정된 삶을 살 수 있게 되니 '사회적 낙오자'도 줄어들고 사회에 대한 불만으로 생기는 '분풀이식' 범죄도 거의 사라졌다. 새 정책의 혜택을 개인과 사회 모두가 누리는 것이다.

자기실현이 개인발전으로 끝나는 게 아니라 사회와 공동체 발전의 밑거름이 되는 새로운 세상. 김한수는 자기의 아버지도 새로운 세상을 좀 더 일찍 만났더라면 그토록 쫓기는 삶을 살지는 않았으리라 생각하며 다시 디자인용 컴퓨터 터치펜을 잡았다.

사라진 젊은이들, 그리고 촛불

　　　　　현재 우리의 교육현실은 민주시민을 전혀 길러내고 있지 못하고 있다. 씨앗은 움틀 준비가 되어 있는데 우리 사회가 그 싹을 더욱 틔워주지 못하고 있다. 2008년 촛불시위를 보며 그 생각에 더욱 확신을 갖게 되었다.

　　2008년 5월 18일에 썼던 일기다.

　　"어제 서울에서는 청계천에 수만 군중이 모여 촛불문화제를 열었다. 이해되지 않는 미국과의 쇠고기 협상에 10대들이 발끈하고 앞장섰다고 한다. 도화선은 쇠고기 문제이지만 그 이면에 아직도 현실적으로 불평등할 수밖에 없는 한미관계와 석연치 않은 5월 광주의 진실 등등도 같이 생각하고 이야기하고 있기를 멀리서나마 바라고 있다. 미국의 암묵적인 동의가 없이 5월 광주에서의 발포가 가능했는지 아직도 많은 이들은 의문을 품고 있다. 무거운 주제를 가볍고 발랄하게 풀어나갈 수 있는 새로운 세대층이 나타나 언젠가 풀리지 않은 역사의 문제, 미래의 문제를 함께 풀어갈 수 있으면 한다. 다시 5.18이다."

미국산 쇠고기 수입문제로 촛불시위가 절정에 달하던 2008년 5월에 나는 일본 요코스카에 있었다. 군복무 중 파견근무를 하고 있었다. 바다 건너서 들려오는 촛불시위 소식은 사뭇 흥미로웠다.

10대들이 들고 일어서 촉발된 시위는 거침이 없었다. "미친 소 너나 먹어!", "0교시? 아침밥 좀 먹자!" 같은 자신들의 생활상을 담은 구체적이고 현실적인 문제제기를 했다. 경찰이 물대포를 쏘자 "온수를 쏴 달라"고 요구하는 표어가 등장했다. 당시 한국에 있던 한 친구는 "여기 참 재미있다"고 현장 분위기를 전했다.

적어도 내가 대학생활을 할 때 보았던 죽기 살기식의 살벌함은 많이 줄어든 시위 모습이었다. 오히려 죽기 살기로 진압에 몰두한 것은 정부와 경찰이었다. 엄청난 반발을 불러왔다. 민심은 이반되었다. 시간이 흐르면서 쇠고기 문제에서 경찰의 과잉진압을 문제 삼고 "명박산성", "2MB" 등의 용어가 등장하며 정부에 대한 전면적인 문제제기로 이어졌다.

정부에 대한 전면적인 문제제기로 판이 커지고 전

국민적인 시위로 확대되면서 상대적으로 청소년들의 역할은 많이 줄어들었다. 하지만 청소년들이 시위의 촛불을 당긴 것은 두고두고 회자될만한 일이었다. 인삼이나 산삼보다도 더 귀한 고3이 집과 학교를 넘어 거리로 나온 일은 현대 한국사회에서는 대단히 희귀한 사건이다.

고등학교를 마치고 대학을 가서도 취업준비를 위한 '스펙' 만들기에 여념이 없느라 젊은 세대들이 중요한 시국현장에서 사라진지 꽤 되었다. 거기에 다시 불을 당긴 게 10대 청소년들이라는 사실은 의미가 크다. 거리 문화제에 나온 가수들이 "10대들 보기에 부끄러워 나오지 않을 수 없었다"고 고백할 정도였다. 세상을 바꿀 주체로 20대 대학생이 아닌 10대 고등학생들이 우뚝 섰다.

한국 근현대사의 주요한 국면에서 10대들의 역할은 컸다. 일제 시대의 3.1 독립만세운동이나 광주학생운동, 4.19 혁명 당시의 전국적인 저항을 불러일으킨 김주열의 죽음 등 10대 청소년들은 한국 20세기 운동사에서 빠질 수 없는 역할을 했다. 그러나 국가와 사회가 안정되고 사회에 정식으로 데뷔하기까지 유예기간이 날이 갈수록 늘어감에 따라 이들은 점차 잊혀져갔다. 10대들은 '행복은 성적순'으로 살아가다가 취업을 위한 '큰 학원'으로 변해버린 대학에서 연장된 고3생활을 하며 20대 초반을 보내게 된다. 대학을 졸업하고도 태반이 부모의 경제적 지원을 받아야하는 '캥거루족'이 되기 십상이다.

이런 삶의 조건이 확산되면서 20대는 물론 10대들이 정해진 제도를 따르는 것 외에는 다른 것을 주체적으로 한다는 것은 쉽게 상상이 되지 않는 상황이 되었다. 이런 흐름을 깨뜨린 사건이 촛불집회였다.

"사실 우리는 누군가의 투쟁과 희생을 바탕으로 살고 있는 거잖아요. 내가 지금 이만큼 안락하게 살 수 있는 것도 지금껏 정의를 위해 목숨을 바친 수많은 사람들이 있었기 때문이죠. 지금도 마찬가지예요. 더 나은 사회를 위해 투쟁하며 살아온 사람들의 노력과 변화에 무임승차해서 살지는 말아야 해요."

참여연대가 기획한 《열정세대》에 실린 지인이라는 고3 학생의 말이다. "어떤 대학생들은 미팅을 하더라고요. 시위문화가 축제처럼 변했다고 다들 자랑스럽게 여겼지만, 소개팅하고 둘러앉아 술 마시는 자리는 아니잖아요. 좀 지나치다 싶은 적도 있었어요."라고 말하는 이 고3 학생은 특별히 잘나고 똑똑한 학생일까. 특별한 교육을 받았기에 사회적 감수성이 풍부한 것일까. 그래서 촛불집회에 주체적으로 참가하고 책에 인터뷰가 실릴 정도로 눈에 띄었던 것일까.

어떤 이유에서건 주목을 받을 만한 이유가 있었겠지

만 분명한 건 2008년 촛불집회에 참가한 이런 10대 학생들이 상당히 많았다는 사실이다. 이들은 "대통령과 정부는 심각한데 학생들은 별로 심각하지 않은 분위기였어요. 아이들은 학교에서 나눠 준 가정통신문을 대부분 쓰레기통에 버렸거든요. 그게 코미디잖아요. 지금 시대가 어떤 시대인데 배후설 운운하면서 촛불 집회에 가지 못하게 하라는 통신문을 부모에게 보내요?"《열정세대》, 여진이라는 학생의 인터뷰라는 생각을 가지고 서로 문자로 약속장소와 시간을 확인하고 가방에 촛불과 종이컵을 챙겨들고 서울 시청 앞에 모였다.

어디서, 어떻게 나오는지를 알 수 없었기에 막을 수 없었고 어디로, 언제 흩어질지 알 수 없었기에 잡을 수 없었다. 성적문제와 입시경쟁에만 매달려 있을 거라 생각했던 10대들이 개인적인 차원을 넘은 문제에 대해 구체적인 행동을 보였다. 이들이 모두 "무임승차"하지 않겠다는 시민적 각성을 가지고 있었는지 확인할 길은 없다. 그러나 공통의 이슈에 대해 공통의 행동을 해본 경험은 이들 세대에게 깊이 각인되었을 것이다.

"1인 시위를 하거나 혼자 오랫동안 투쟁을 해서 변화를 일궈 낸 사람들의 이야기를 들으면 소름이 돋아요. 하지만 그분들도 주변에 도움을 주고받고 함께 할 수 있는 울타리가 있더라고요. 촛불 집회 때 친구와 시간이 안 맞아서 혼자 나갈 때가 많았거든요. 참 외롭고 힘들었어요. 뜻을 함께 하는 사람들과 같이 있다면 덜 힘들 것 같다는 생각을 많이 했어요. 만약 제가 어떤 단체나 모임에 속해 있었다면 촛불을 더 오래 들지 않았을까 하는 생각이 들어요." 《열정세대》, 지인의 인터뷰

이들이 소풍가듯 시청 앞과 청계천에 나갔을지 몰라도 적어도 친구끼리 서넛은 모여 나가지 않으면 쉽게 발을 뗄 수 없었을 것이다. 광장에서 친구관계만이라도 서로의 든든한 '울타리'였고 몇몇 학생은 지인이처럼 그 관계를 넘어선 '울타리'를 꿈꾸었을 것이다. 이런 새로운 경험을 한 세대는 새로운 가능성을 가지고 있다. 교과서에서 배운 관념적인 사회적 연대와 협력 말고 구체적이고 현실적인 연대와 협력의 가능성을 체험해본 이들 세대의 문제의식은 무시하지 못할 가능성이다. 청소년들이 불을 당긴 촛불 집회의 성공과 한계에 대한 평가와는 다른 차원으로 이들이 집단적으로 공유한 경험만큼은 우리 사회가 간직한 자산이다. 보는 시각에 따라서는 말도 안 되는 우리 사회의 부담자산일뿐일 수도 있겠지만 어디 민주주의가 언제나 고요한 호수처럼 잔잔하겠는가. 안정성과 역동성이 동시에 한 자리에 있으면 좋겠지만 어느 순간에는 한 국면이 보다 큰 대세를 이루는 시점도 있는 법이다. 촛불 집회는 역동성이 보다 크게 작용한 국면으로 이해하고 지금의 청소년들을 중심으로 뿜어져 나올 수 있는 역동성을 보다 큰 가능성으로 이끌

어주는 노력이 필요하다. 이 가능성을 현실로 이어주는 노력은 뜻있는 기성세대와의 소통과 협의를 통해서 가능하다.

"그날도 새벽까지 촛불 집회에 참여하고 돌아가는 길이었다. 새벽 4시가 훌쩍 넘어 있었다. 공교롭게도 주머니에 땡전 한 푼 없었다. 광화문에서 목동까지 걸어가야 할 판이었다. 그때였다. 광화문 사거리에서 한복판에서 누군가 지인이의 이름을 불렀다. "어이, 김지인!" 고개를 돌려 뒤를 보았다. 혼잡한 사람들 틈에서 낯익은 얼굴이 보였다. "어, 아빠!" 아빠의 얼굴이 초췌했다. 밤새 집회에 참여한 모양이었다. 몰골이 엉망인 두 사람은 서로 황당한 웃음을 지었다. 광화문 사거리에서 감격스런(?) 부녀 상봉을 한 것이다. 그날 지인이는 오랜만에 아빠와 함께 집으로 돌아갔다." 〈열정세대〉, 지인의 경험

성급한 일반화는 경계해야겠지만 이와 같은 사례는 세대 간 소통과 협력을 통해 우리 사회의 발전을 도모할 수 있는 하나의 단초를 제공해주는 상징적인 경험이라고 볼 수 있다. 이제 광장에 따로 나갔다가 같이 돌아오지 말고 같이 나가 같이 돌아올 수 있는 길을 모색해야 하지 않을까. 가족중심주의와 한정된 단극 중앙권력에 대한 무한경쟁을 뒤로 하고 발전적인 방향으로 같이 길을 걸어야 하지 않을까.

이를 위해 촛불도 들고 자발적으로 자신들의 문제의식을 사회화한 청소년들에 대한 기성세대의 인정과 포용이 필

수적이다. 1980년대 민주화를 쟁취했던 486세대들이 자신들의 자식인 10들을 위해 젊은 날의 열정과 문제의식을 다시 한번 곱씹어보아야 할 것이다. 부모세대의 역사적 자산인 민주화에 '무임승차' 해서는 안 된다고 생각하는 자식들을 생각을 인정하고 격려해주며 새로운 사회를 위한 가능성에 접근해보아야 한다.

새로운 사회를 위한 가 능 성, 만 16세 투표권

내가 만 스무 살이 되던 해에 지방자치선거가 있었다. 1998년 6월이었다. 나는 1978년생이니 그 당시 한국 나이로는 스물한 살, 법적인 만 나이로 스무 살이 되던 참이었다. 그런데 민법에 따르면 11월생인 나는 1998년 6월까지도 만 열 아홉인 상태였다. 그 당시 선거연령이 스무 살이었다. 그래서 나는 98년 6월 지방선거에서 투표를 하지 못했다. 다만 그때 법대 1학년 1학기 수강과목이던 헌법학 원론의 현장체험과제를 수행하느라 지방선거관리위원회 사무실 자원봉사를 한다고 기웃거렸던 기억이 난다. "내가 표도 행사하지 못하는 선거판에서 자원봉사는 무슨 자원봉사?"라는 귀찮은 마음이 들어 얼치기로 시간만 때우자는 마음이 있었다. 나 같은 대학생이 꽤 많았는지 선관위 아저씨는 그냥 자원봉사자증을 내주고 시간도장도 한 번에 찍어주고 나를 돌려보냈다.

"병든 주인이 멀쩡한 일꾼 열 몫 한다"는 말이 있다. 1998년의 나는 선거권이 없다는 생각에 '멀쩡한 일꾼' 이었음에도 불구하고 '병든 주인' 만도 못한 행동을 했다. 선거철마다 방송에 나오는 도시락 싸들고 한나절을 걸어가서 투표하는 시골 할머니들보다도 못한 만19세 청년이었다.

선거권이 없어도 선거관리위원회 자원봉사라도 제대로 하며 참여를 했어야 했는데 숙제 내주면 다 팽개쳐버리고 싶은 못된 학생 버릇 때문에 민주주의 방관자가 되어버렸다. 아주 쉬운 민주주의의 시민생활도 하나 실천하지 못했다. 그러면서도 법대 새내기라고 강의실에 앉아 "대한민국은 민주공화국이다. 대한민국의 주권은 국민에게 있고 모든 권력은 국민으로부터 나온다."는 헌법 제1조의 정신을 수박 겉핥기식으로 공부하고 있었다.

백 번을 다시 생각해봐도 부끄러운 일이다. 하지만 나는 어렸을 적부터 교과서에서 민주주의를 많이 보고 배웠지만 실상 내가 그 주인이라는 걸 직접 배우거나 경험한 적은 거의 없었다. 주인이라는 걸 느껴본 적도 없고 제대로 배워본 적도 없었으니 그 당시에는 부끄러움도 없었다. 아마 지금의 십대들도 비슷한 상황이 아닐까 생각된다.

학교에서 회장을 뽑고 학급회의를 하고 학생회나 동

아리 등의 자치조직이 있기는 하다. 그러나 틀에 박힌 입시환경에서 나처럼 '생활의 민주주의'를 경험해보지 못한 기성세대 교사들이 얼마나 효과적으로 민주주의를 학생들에게 이해시키고 전수할 수 있을지는 의문이다. 이른바 민주주의 감수성이라고 부를 수 있는 정서적 태도가 기성세대인 교사들에게 얼마나 체화되어 있을지 의문이다. 여전히 교실에서 학급회의는 형식적으로 운영되고 자율학습 시간의 연장은 아닐런지 의문이다. 여전히 학생회장은 학교 방침을 전달하는 매개 수단처럼 이용되는 건 아닌지 모르겠다.

만일 학교의 민주주의 시계가 20세기에 머물러 있다면 우리나라의 민주주의 발전 속도도 그만큼 늦춰질 수밖에 없다. 민주주의 감수성을 제대로 경험하거나 교육받지 못한 세대가 계속해서 과거를 답습하며 시행착오를 반복할 가능성이 높다. 아무리 촛불집회를 주도적으로 시작하고 정치적 각성의 기회를 가져봤다 하더라도 제도 혹은 문화의 지속적인 뒷받침 없이는 일시적인 흐름으로 그칠 것이다.

그렇기에 이제는 10대들에게 민주주의의 주인노릇을 할 기회를 터주어야 한다. 현행 선거법상 만19세부터 투표를 할 수 있다. 이는 우리 나이 스무 살로 대학교 1학년에 해당하는 나이다. 이미 닫힌 교실에서 머리가 커질 대로 커진 나이이다. '만20세 투표권' 시절보다는 나아진 것이기는 하지만 미래의 민주주의 발전을 생각해서는 별로 큰 효과를 볼 수 없는 나이이다. 이 나이에 고등학교를 졸업하고 대학생이 되거나 사회생활을 직접 시작해도 어린 아이와 별반 다를 것 없는 대접을 받으며 살아가야 하는데 이들이 평등한 의사소통과 주체적인 사고와 행동을 골자로 하는 민주주의의 생활원리를 언제 익혀나갈 수 있을지는 그 누구도 장담할 수 없다. 그래서 투표권을 행사하는 나이라도 대폭 낮추어야 한다. 만16세로 말이다.

만16세는 대략 고등학교 1학년에 해당하는 나이다. 10대 때부터 현실 민주주의 정치제도의 주인노릇을 하도록 함으로써 민주주의 의식과 감수성의 저변을 확대해나갈 수 있는 기회를 부여해야 한다. 그럼 왜 하필 만16세 투표권인가?

첫째, 우리나라의 대학입시라는 아주 특별한 사회문화적 환경을 고려한 선택이다. 앞서도 밝혔듯이 우리나라에서 대학입시는 곧 계급투쟁이다. 이 계급투쟁의 최일선에 서있는 이들이 바로 고등학생들이다. 그러나 이들은 현실 교육정책과 대입제도에 대해 발언권이 없다. 언제나 어른들이 짜놓은 경쟁의 틀에서 싸울 뿐이다. 그 경쟁의 틀에서 싸우고 그 결과에 따라 부여된 '계급'의 틀에서 남은 인생을 살아가야하는데도 말이다. 불공정하다. 자신들의 인생을 결정짓는 정책과 제도를 정하는데 있어 발언권 하나 없이 그대로 그 결과만 수용해야하는 일은 민주주의의 상식에 맞지 않는 일이다.

그 어떤 정책보다도 교육정책과 대입제도는 평균적인 한국인의 일상에 많은 영향을 미치고 대다수 한국인들이 관심을 기울이는 분야다. 이 정책과 제도의 영향력 한 가운데 놓여있고 직접 정책집행의 대상이 되는 청소년들이 자신들의 뜻을 제도적으로 표출할 기회를 갖는 것이 옳지 않겠는가. 고등학교 1학년이 되는 만16세 정도면 2년 후 자신들이 직접 겪을 대입제도에 대해 깊이 생각하고 고민할 수 있는 나이다. 이들에게 자신들이 치를 게임의 룰에 대해서 고민하고 발언할 수 있는 기회를 주어야 한다.

만16세가 되는 이들에게 전면적으로 투표권을 부여하는 게 당장 어렵다면 적어도 교육감과 교육의원 선거에라도 제한적으로 투표권을 행사할 수 있게 해야 한다. 최소한 자신들의 학교생활과 대입제도를 좌지우지하는 기관의 선출에 참여할 수는 있어야 한다. 그리고 점진적으로 제도운용의 추이를 보며 투표권 허용범위를 확대해나가면 된다.

둘째, 발달된 사회여건상 만16세면 정치적 의사결정을 할 수 있는 나이다. 인터넷과 각종 미디어의 발달로 지금 청소년들은 그 어느 세대보다도 정보의 홍수 속에서 살고 있다. 그 홍수 속에서 필요한 정보를 취합하고 주체적으로 판단할 수 있는 능력을 기르는 게 중요하다. 이건 누가 가르쳐주기만 한다고 해서 깨우칠 수 있는 문제가 아니다. 직접 생각해보고 고민하고, 실천하면서 주체적인 판단과 인식능력을 함양할 수 있다. 이를 위해서는 직접 투표권을 가지고 이를 행사하면서 정치적 상황과 사회문제 등에 대해 고민해볼 기회를 가져보는 것만큼 좋은 기회도 없다.

만일 그렇게 된다면 애들 장난에 나라 망치는 꼴밖에 나지 않을 것이라고 걱정할 수 있다. 그러나 민주주의가 가지는 이런 중우정치의 위험성은 이미 기원전에 플라톤이 설파한 바 있다. 이런 위험성을 안고도 민주주의는 자기수정과 변혁을 거치며 발전해왔다. 이제 한국 민주주의의 한 단계 발전을 위한 새로운 발걸음으로 만16세 투표권을 고려해봄직하다. 그리고 어른들이 투표를 해서 이끌어가고 있는 지금 대한민국의 나라꼴에 만족하는 사람도 그다지 많지 않다. 스무 살이 넘은 어른들만이 투표한다고 해서 나라꼴이 밝아지고 언제나 옳은 결정만 하는 건 아니다.

셋째, 만16세면 기타 법적제도의 연령제한 허용치를 고려할 때 결코 적은 나이가 아니다. 현행 민법상 여자는 만16세, 남자는 만18세 이상이면 친권자의 동의를 얻어 혼인을 할 수 있다. 운전면허는 만18세 이상이면 취득할 수 있다. 만14세 이상이 되면 국가형벌의 처벌대상이 된다. 만14세 이상이면 더 이상 형사미성년자가 아니다. 만14세 이상이면 국가

형벌에 대한 인식을 가지고 이성적인 판단을 할 수 있다는 취지이다. 적어도 개인 스스로의 행위가 형벌이라는 국가제도와 어떻게 연관을 맺고 어떤 결과를 가져올 수 있을지 판단할 수 있다는 것이다. 이런 취지를 반영한 입법도 있는데 만16세 이상의 투표권을 고려해보는 것도 큰 무리는 아니다. 만16세 정도가 되면 자신의 투표행위와 정치적 의사결정이 국가와 사회에 어떻게 영향을 미치고 어떤 결과를 가져올 수 있을지 충분히 판단할 수 있다. 기회를 안 주었으니 그동안 생각도 안 하고 판단도 안 했던 것이다.

만16세 투표권이 확보되고 10대 시절부터 정치적 판단과 사회적인 성찰을 할 수 있는 사람들을 육성해간다면 장기적으로 주체적이고 독립된 인격을 가진 민주주의 시민을 많이 배출할 수 있을 것이다. 그리고 무엇보다도 "수요자 중심의 교육정책"을 외치는 교육전문가와 의회, 정부에 대해 진짜 수요자인 학생들이 직접 선거과정을 통해 머리를 모으고 의견을 전달한다면 지금처럼 탁상공론의 정책도 많이 줄어들 것이다.

당사자들만큼 당사자들의 문제를 해결하기 위해 지혜를 짜내고 노력하는 사람들을 찾기는 힘들다. "교육은 백년지대계"라고 하는데 이는 명백히 미래정책임을 밝히고 있는 것이다. 그 미래정책의 혜택과 피해를 향후 이삼십년 뒤 고스란히 떠안아할 사람들이 바로 10대들이다. 현재 상태로 교육정책이 국가 경쟁력 강화가 아닌 내부 입시경쟁만을 과열시키는 상태로 지속되고 "개천에서 용 나지 않는 시대"로 이어진다면 10대들이 기성세대가 되어 맞이해야할 사회는 '안 봐도 비디오' 다. 양극화로 분열되고 인적 성장 동력은 고갈되어가는 지탱하기 힘든 미래사회를 손 놓고 10대들에게 물려줄 수만은 없다. 그들이 책임지고 맞설 수 있도록 이 사회의 당당한 '깨어있는 주인' 으로 일어서게 해야 한다. 아이로만 보지 말자. 지금 당장은 어리숙하고 미성숙해 보여서 '병든 주인' 처럼 보일 수 있다. 하지만 기회를 준다면 분명 기성세대의 국회의원, 교육전문가, 교육감, 교육관리들 같은 '멀쩡한 일꾼' 들 보다도 더 좋은 생각을 쏟아낼 것이다. 나이어린 주인이 나이 많은 일꾼이 관습에 갇혀 보지 못하는 것들을 얼마든지 발견하고 고쳐나갈 수 있다.

막힌 물길에 갇혀있는 이들이 스스로 말하게 하라, 물길도 서서히 트인다!

'엘리트 농사꾼', 김의원

비행기 안전벨트 표시등이 꺼지자 김수정 의원은 몸을 일으켜 가방을 꺼냈다. 보좌진이 건넨 마지막 보고서를 보기 위해서였다. 하지만 사실 '보고서'라기 보다는 유학을 떠나는 김의원에게 동지들이 주는 '선물'에 가까웠다.

"농경제학 영·한 용어모음집"

링 제본을 뜬 얇은 월간지만한 종이뭉치에는 농촌경제 관련 영어 단어와 개념어들이 알파벳순으로 빼곡하게 정리되어 있었다. 맨 뒷장에는 같은 사무실에서 친구같이 지내던 보좌진들이 짤막한 메시지를 손수 적어놓았다.

"수정 언니, 이제 '의원님' 말고 '언니'라고 할게요. 사석에서 늘 언니라고 부르라고 하셨지만 남들 눈도 있고 해서 조심스러웠는데 이제 마음이 편하네요. 이번 선거에 불출마 선언하고 유학가신다고 했을 때만 해도 아쉬움도 많았는데 더 큰 모습으로 돌아오실 언니 생각으로 아쉬움을 달래요. 저도 이제 막 시작한 대학원 공부 마치고 언니 오실 때쯤에는 더 큰 모습으로 다시 뵙도록 할게요. 그리고 영어 원서로 공부하시다가 막히는 부분 있으면 언제든지 이메일 주세요. 미쿡(!) 물 좀 먹고 자란 실력을 보여 드릴게요^~^ 건강하시고요 언제나 파이팅!"

의원실 막내 인턴직원 세나의 메모에 김의원은 혼자 미소를 지었다. 세나는 미국 대학을 졸업하고 한국학을 전공하러 돌아온 학생이었다. 한국학 전공 대학원을 다니면서 김수정 의원실에서 인턴활동을 하고 있었다. 김의원이 유학준비를 할 때 영어공부 길잡이 선생을 해주기도 했다.

　토플공부를 하고 틈틈이 영어공부를 열심히 해서 이전보다 나아지기는 했지만 아직 김의원은 영어로 외국대학에서 공부하는 게 조금 부담스럽기는 했다. 그런 그를 위해 한솥밥을 먹던 참모들이 딱 맞는 참고서적을 따로 만들어 준 것이다. 이들의 깊은 배려를 생각하니 김의원은 눈 밑이 뜨뜻해졌다.

　지난 세월을 생각하니 꿈만 같았다. 예전 같았으면 김의원 같은 인물은 나타날 수 없었다. 김수정 의원의 부모님은 1997년 외환위기 당시 서울에서 다니던 중소기업 공장이 망해 고향 전남 담양으로 귀농한 부부였다. 고향 땅에서 농사를 지으며 조용히 먹고 살겠다고 생각했지만 쉽지 않았다. 농사를 지어도 부채만 늘어갔고 살림은 쪼들렸다. 유통마진이 큰 농산물 시장의 틈바구니에서 인터넷도 잘 못하고 별다른 지식도 없어 직거래 장터를 트지 못한 김의원의 부모들은 그저 가난한 원산지 농부들일 뿐이었다.

　"고향 내려와서 얻은 재산은 너밖에 없다"고 아버지는 어린 김의원에게 종종 말하곤 했다. 김의원이 초등학교에 다닐 무렵 한·미 FTA와 한·EU FTA가 속속 체결되고 농산물 시장개방이 가속화되면서 농촌살림은 더욱 황폐해져 갔다. 일부 농민들이 상품농작물을 재배해 수익을 올리기도 했지만 배운 거 없는 김의원의 부모님은 이 대열에 끼지는 못했다. 그럴수록 가난한 농부의 딸 김수정은 "마음만은 가난해지지 말자"는 각오를 다지며 중학생으로, 고등학생으로 자라나고 있었다. 농촌에서 특별히 과외지도나 학원수업을 충분히 들을 기회는 없었다. 인터넷으로 무상 제공되는 교육방송 강의와 방학 때마다 전남교육청이 지원하는 대학생 멘토링 프로그램으로 이루어지는 대학생 언니·오빠들의 과외수업이 김의원이 누릴 수 있는 혜택의 전부였다. 그나마 이것이라도 없던 때보다는 훨씬 나아진 것이라고 학교 선생님은 누차 강조하셨다.

　교육감 선거권의 연령제한이 만16세로 개정된 후 생긴 변화였다. 김의원보다 수 년 전에 먼저 학교를 다녔던 선배들 시절에 이루어진 이 변화로 학생들은 자신들이 원하는 교육정책을 구체적으로 요구할 수 있었다. 예산의 범위를 크게 벗어나는 일들은 할 수 없었지만 전남 교육청은 무상급식, 도농지역간 위화감 방지를 위한 무상 학용품 지급, 지역 대학생들의 중·고생 멘토링 프로그램을 우선적으로 시작했다. 우려의 목소리가 없지 않았으나 유권자가 된 십대들의 구체적인 요구를 외면할 수 없어 전라남도는 도의회와 공동으로 예산절감위원회를 꾸려 줄이고 뺄 수 있는 예산을 검토했다. 그리고 거기서 얻어진 천억 원 가까운 돈으로 새로운 교육 사업을 시행했다.

　그 이전 같았으면 어린 김수정 의원은 학교에서 밥을 굶을 수도 있었고, 형편없는 스케치북과 물감 때문에 손이 오그라들었을 수도 있었다. 대학생 선배들을 만나 세상 돌아가는 이야기도 듣고 캠퍼스 생활을 꿈꾸는 기회는 가지지도 못했을 것이다. 무엇보다도 "세상은 나를 버렸다"는 절망감에 자기 자신을 내팽개쳤을 수도 있다.

　하지만 김의원은 주위의 도움으로 어려운 가정환경이었지만 주어진 조건에서 최선을 다해 공부했다. 서울에 있는 대학에 갈 정도로 우수한 성적은 얻지 못했지만 지방 국립대 입학은 충분히 가능한 점수를 받았다. 대학수학능력시험도 일 년에 하루 모든 명운을 걸고 치르던 방식에서 표준화 검사 방식으로 바뀌어 한 해에 최대 4회까지 응시할 수 있었다. 때마침 국회에서는 새로 등장한 젊은 의원들과 20대 대학생 유권자들의 등록금 문제에 대한 꾸준한 문제제기 덕에 국립대부터 성적 우수 학생을 대상으로 무상교육을 순차적으로 실시하기로 한 법안이 논의되고 있었다. 이 법안에 따르면 해당 지역의 고교생이 자기가 살던 지방 국립대에 우수한 성적으로 입학할 경우 전 학년 장학금을 받고 대학에 다닐 수 있었다.

　김의원은 이 혜택을 노리고 주저 없이 자기가 살던 전남 담양에서 가까운 전남대 경제학과를 택했다. 부모님이 뼈 빠지게 농사일을 하고도 돈을 제대로 벌지 못하는 게 농산품 유통구조의 비합리성에 있다고 생각하던 김의원은 이 분야에 대해 집중적으로 공부하기로 마음먹었다. 그러다가 "농산품 유통구조의 문제와 대책"이라는 주제로 열린 대학생 정책제안대회에 참가하여 입상을 했다. 그 대회는 한 정당의 전남도당이 주최한 것이었다. 그 인연으로 김의원은 그 정당의 전남도당 대학생위원회 활동을 시작했다.

　낮에는 학교에서 강의를 듣고 저녁에는 광주 인근 농촌 특히 담양지역에 상주하며 현장정책제안을 수집하고 보고서로 꾸미는 일들을 주로 했다. 자연스레 만나는 지역민들도 많아졌고 그들의 목소리를 대변해보자는 생각에 대학을 졸업할 무렵 군수선거에 출마했다. 그러나 결과는 낙선이었다. 지역주민들이 보기에 아직 이르다고 생각한 모양이다. 하지만 김의원은 꾸준히 지역 정당활동을 펼치며 여의도 국회에서 농촌문제에 대한 세미나를 열 때면 빠지지 않는 단골패널이 되었다. 각종 신문과 잡지에 농촌문제에 대한 칼럼도 계속 기고하고 농민들의 목소리를 알리는데 그 누구보다도 앞장섰다.

　2년 뒤 총선에서 기회가 왔다. 2년 전 지방선거에서도 담양 집을 선거운동 사무소로 쓰고 자전거 선거단을 꾸려 친구들과 깃발 들고 온 담양군을 휩쓸고 다녔던 선거운동방식이 눈길을 끈 적이 있었다. 논두렁에서, 마을 장터에서 2년간 안면을 익힐 대로 익힌 지역 어른들은 이제 "수정이, 또 나와부렀네"라며 혀를 내둘렀다. 그러면서도 싫은 기색 없이 물 한 잔을 건네고 쌈짓돈 이만 원, 삼만 원씩을 선거운동 사무소로 보내주었다. 당선이었다. 누구도 예상치 못했기에 모두가 놀라고 주목했다.

김의원은 유권자 연령이 낮아지고 선거혁명이 일어나 컬러가 바뀌기 시작한 여의도에서 의원생활을 시작했다. 그 수가 많지는 않았지만 젊은 의원들이 상당히 늘어났다. 2000년대 초반에도 30대 의원들이 다수 있기는 했지만 권위주의적 정치문화에 흡수되는 경향이 짙었다. 그러나 10대와 20대 시절부터 유권자로서 정치감각을 기르고 민주주의에 대한 고민을 많이 했던 김의원 세대 출신의 의원들은 그 뿌리가 달랐다. 어른들로부터 주입받은 민주주의 문화가 아닌 자신들이 만들어가는 민주주의 문화를 향유했다.

우선 김의원은 수행비서가 없었다. 예전에는 7급이나 9급 비서를 수행비서로만 활용했지만 김의원 방의 직원들은 모두 정책업무를 하는 인력이었다. 어디 외부회의를 갈 때 관련 주제를 다루는 비서가 같이 김의원과 출타를 하는 정도가 '수행'의 전부였다. 과거에는 국회의원하면 리스를 해서라도 검은 세단을 몰고 다녔다. 그러나 김의원은 후원회에서 마련해준 전기 자동차를 타고 다녔다. 환경 이슈가 부각되면서 한국에서도 막 전기 자동차가 상용화되던 참이었다. 하지만 상류층이나 사회지도층은 차가 작고 품위에 맞지 않는다고 선호하지는 않았다. 김의원과 몇몇 젊은 의원들은 이에 아랑곳하지 않고 "지도층부터 바꾸어야 한다"며 보란 듯이 전기자동차를 몰고 다녔다. 지역구 담양에서 나는 농산물의 유통경로를 추적하는 전국 현장 활동 같은 활발한 일을 하느라 1년 만에 주행거리가 5만 킬로미터가 넘어버렸다.

농촌 현장과 국회를 연결해 다양한 정책을 제안하던 김의원은 보다 큰 고민을 시작했다. 농업경제 선진국에서 공부를 좀 더 하고 활동을 해야 그 깊이를 더 채울 수 있을 것 같았다. 그래서 다음 선거철이 다가올 무렵 주저 없이 불출마 선언을 하고 네덜란드 유학을 선언했다. 농촌상품경제 개발과 그 유통에 대해 유럽의 앞선 현장에서 공부를 하고 돌아오기로 했다.

국회의원이 되면 재선, 삼선만을 노리며 권력의 단맛에 빠져 헤어나오지를 못하던 과거와는 사뭇 다른 양상이었다. 국회의원을 하면 권세를 누리는 자리라고만 생각하던 사람들의 생각 틀로는 이해가 안 되는 행동이었다. 그러나 국회의원 등의 선출직은 국민의 공복으로서 한시적으로 권한을 맡아 국민 대신 일을 하는 역할일 뿐이라는 인식을 확고히 지니고 자라난 새로운 세대에게는 자연스러운 일이었다. 김의원도 돌아와 국회의원에 다시 출마하겠다는 확언을 하지는 않았다. "반드시 다시 선거에 나온다고 장담할 수는 없다. 내가 생각해 온 발전된 농촌, 함께 잘 사는 대한민국을 위해 현장연구와 실천 활동을 다양하게 전개하겠다는 기본구상이 있을 뿐이다. 그 과정에서 국회의원직보다 더 의미 있다면 담양군수에도 도전할 수 있고, 지역에서 자치활동센터를 만들어 일할 수도 있다. 답은 여의도에만 있는 것은 아니다." 김의원이 남긴 출국성명이었다.

국회의원을 하다가 군수도 할 수 있다고 생각하는 새로운 정치세대가 출현한 대한민국. 다음 시대의 용이 되기 위해 꾸물거리고 있을 이 무기들이 힘차게 움직이고 있다.

에필로그

"형, 뭐 꼭 개천에서 용이 나야 돼?"

책제목을 듣고 한 후배가 던진 질문이다. 맞는 말이다. 개천에서 꼭 용이 날 필요도 없고 모두가 용이 되려고 안간힘을 쓸 필요도 없다. 용이 안 되더라도 옹기종기 모여 서로를 보듬어주며 따스한 인간미가 녹아있는 공동체를 만들어 살아가는 것도 한 방법이다. 하지만 문제는 지금 우리 사회가 그런 따뜻한 공동체를 품어줄 의지나 여력이 있는가하는 점이다.

모두가 알다시피 우리 사회는 승자독식의 중앙 집중 단극권력구조가 지배하는 사회이다. 일반화를 무릅쓰고 이야기하자면 서울이 전국의 에너지를 빨아들이고 이 나라를 통째로 지배할 수 있는 힘의 중심이다. "사람은 서울로 보내야" 하는 건 한국인의 정서에 깊이 뿌리내린 상식이다. 우리나라에서 외교관 생활을 했던 미국의 한 정치학자는 우리나라를 "소용

돌이" 구조를 가진 나라라고까지 칭했다. 서울의, 서울에 의한, 서울을 위한 대한민국이라고 해도 과언이 아닐 정도이다.

　　　이 틈바구니에서 한국인들은 어려서부터 서울의 대학으로 진입하기 위한 전쟁을 치른다. 그런데 이 전쟁의 양상을 보자. 적군과 우군이 뚜렷하게 갈려 전선을 이루고 있는 전쟁이 아니다. 그냥 각개약진의 전투일 뿐이다. 각자 헤엄을 쳐서 거슬러 올라가 서울의 명문대에 자기 깃발을 꽂는 게 이 전쟁의 목표다. 옆에 있던 친구들도 대개는 최종관문에서 사실상 경쟁자이자 적이 된다. 여차하면 서로를 밟고 올라가야 한다.

　　　예전에는 이 전쟁을 위해 많은 학생들에게 거의 비슷한 수영복과 오리발이 지급되었다. 물론 부모로부터 좋은 수영복과 오리발, 구명조끼 같은 것을 물려받고 아예 큰 강과 바다에서부터 시작해 앞서 나가는 소수의 학생들도 있었다. 그리고 같은 수영복과 오리발을 받고도 기초체력이 약해 뒤처지는 학생들도 물론 있었다. 그러나 중간층에 비슷한 수영복과 오리발로 무장한 학생들이 많았기에 한국인들은 전쟁과도 같은 10대 후반기를 서로 의지하며 나름대로 견디며 지나왔다.

　　　하지만 1997년 외환위기 이후 전쟁의 모습은 점점 변해갔다. 대한민국은 어느 것 하나 안정되고 믿을 것이 없는 살벌한 전장이 되었다. 살아남기 위해서는 물불 안 가리고 좋은 장구로 무장하는 수밖에 없었다. 앞뒤 돌아보고, 옆에 나누어주고, 같이 헤엄쳐서 가보자고 할 겨를이 없었다. 외환위기의 폭탄에 맞아 엇비슷한 수영복과 오리발을 가지고 있던 중간층도 수면 아래로 가라앉았다. 폐허가 된 대한민국에서 뒤처지던 사람들 중 삶을 포기하는 이들도 속출했다. 개천에서 강과 바다로 나아가는 물길도 점점 좁아졌다. 먼저 간 사람들도 뒤를 돌아보고 손을 내밀 여유가 없었다.

바야흐로 "개천에서 용 나지 않는 시대"라는 것도 한국인들이 서서히 인정하는 상식이 되어가고 있다. 그래서 아예 대안적인 삶의 방식을 가꾸어 나가자는 움직임도 있다. 극한 경쟁사회를 뛰어넘는 따뜻하고 인간미 넘치는 공동체를 구성해보자는 흐름이 일어나고 있다. 하지만 여기에는 대전제가 있다. 한국인들의 의식구조와 문화가 중앙 집중화된 권력구조에 목매달지 않아도 될 만큼 변해야 한다.

이를 위한 다양한 노력과 논의가 있다. 그리고 각자 각박한 삶을 살면서도 "이건 아닌데"라고 생각하는 것 자체가 세상을 바꾸는 첫발을 떼는 것이다. 하지만 잡히지 않는 미래는 멀고 불투명하다. 그래서 나는 주장한다. 사람들의 욕망을 솔직히 인정하며 시작하자고 말이다.

"착하고 건강하게만 자라주기를……"

아이들 돌잔치에 가면 젊은 엄마와 아빠가 손님들에게 하는 인사말에 꼭 들어가는 대목이다. 하지만 이 바람은 오래가지 않는다. 아직 아이가 어리니까 그렇지 학교를 다니고 수영복과 오리발을 채워 대입경쟁의 강물에 아이를 내보낼 때까지도 공부욕심이 아예 더 생기지 않는다고 한다면 거짓말일 확률이 높다. 대개의 학부모들은 자기 자녀가 "성품만 좋은 동네 총각, 동네 처녀"보다는 "성품 좋은 서울대생"으로 자라나주길 바란다.

  이 선한 욕망을 솔직히 인정하고 시작하지 않는 이상 "개천에서 용 나지 않는 시대"를 풀어나갈 길을 찾기는 힘들다. 지금 "개천에서 용 나지 않는 시대"는 능력과 가능성이 있는 아무기들이 갈 길이 트이지 않아 헤매고 있는 시대이다. 이 시대를 뚫기 위해서는 재능과 가능성을 가지고 더 크고 싶어 하는 아이의 욕망과 그 재능과 가능성을 키워주고픈 부모의 욕망을 국가와 사회가 뒷받침해가며 더 큰 에너지로 승화시켜야 한다. 그 선한 욕망이 이루어진다는 가능성이 조금이라도 보일 때에 사람들은 그 가능성을 이루어줄 정책과 방안에 동의하고 힘을 실어줄 것이다.

  그리고 보다 많은 사람들의 합의를 통해 물길을 트는 삽자루를 한 명이라도 더 들고 같이 헤쳐 나가도록 해야 한다. 이를 통해 다양한 물길을 만들어가야 한다. 한 곳으로만 흐르는 물길은 사람이 몰리면 막힐 수밖에 없다. 변호사, 의사, 약사, 판검사, 국회의원, 장차관, 도지사, 시장, 언론인, 방송인, 대기업 사장, 대학교수 등등을 하는 방법이 한 두 가지뿐이라면 치열한 싸움이 벌어질 수밖에 없다. 사람들은 소수 명문대와 몇 가지 직업군에만 매달려 무한경쟁을 벌여야만 한다. 사람들이 이런 경쟁을 하지 말고 다양한 삶의 방식을 찾아 저마다의 소질과 능력으로 인정받는 미래가 속히 왔으면 좋겠지만 지금 당장은 아주 먼 미래일 뿐이다. 그 좋은 미래로 가기 전에 일단 사람들의 욕망이 향하는 곳에 이르는 물길이라도 다양하게 만들어 경쟁도 발전적으로 완화하고 종국적으로 삶의 방식도 다양화되는 효과도 만들어 나가야 한다.

　　본문에서 제안한 몇 가지 방안은 나의 작은 생각일 뿐이다. 삽을 들고 물길을 트는 방법은 여러 가지로 생각해볼 수 있다. 내가 핵심적으로 주장하고 싶은 것은 현재 막힌 물길에 갇힌 10대들에게도 그 삽자루를 나누어주자는 것이다. 만 16세 투표권을 제안한 것도 그런 맥락이다. 막힌 물길에 갇혀 있는 자들에게 삽자루를 들고 물길을 헤쳐 보라고 하는 것이다. 물길 밖에서 보고 있는 어른들보다도 자기가 살려고 훨씬 기발한 생각과 방법들을 쏟아내지 않을까. 탁상공론이 아닌 더 효율적이고 생산적인 방법들을 말하지 않을까. 한번 믿고 도전해보자는 게 내 주장이다.

　　그런 방법이 아니고도 "개천에서 용 나지 않는 시대"가 내일 모레 바뀔 수 있다면 대환영이다. 그리고 모두가

'용'이 되려고 발버둥치지 않고 편안히 살면서도 국가경쟁력이 확보되고 사회가 안정적으로 굴러가는 날이 온다면 그것도 대환영이다. 그러나 다시 "잡히지 않는 미래는 멀고 불투명"하다. 그 멀고 불투명한 길에 이정표를 세운다는 심정으로 글을 썼다. 하지만 나 혼자서 가는 길은 두렵다. 그래서 당신이 필요하다. 당신 친구와 내 이정표를 놓고 잠깐 대화를 해도 좋다. 세수를 하고 이를 닦다가 당신만의 새 이정표를 잠시 고민 해봐도 좋다. 그 노력들이 점차 모이다 보면 우리는 한 걸음씩 계속 길을 갈 수 있을 것이다. 길 위에서 님의 흔적을 볼 수 있기를 희망해본다.